高等职业教育智能网联汽车技术专业教材

智能网联汽车传感器技术

Zhineng Wanglian Qiche Chuanganqi Jishu

杨宗平　蔡月萍　主　编
袁　亮　何成诚　程　鹏　副主编

人民交通出版社股份有限公司
北　京

内 容 提 要

本书为高等职业教育智能网联汽车技术专业教材。全书分为六个模块，主要内容有：智能网联汽车传感器概述，超声波雷达的原理、安装与标定，毫米波雷达的原理、安装与标定，激光雷达的原理、安装与标定，视觉传感器的原理、安装与标定，定位与惯性导航传感器原理、安装与标定。

本书可作为高职高专院校智能网联汽车技术专业的教学用书，也可作为从事汽车智能技术、智能网联汽车技术专业相关技术人员的培训教材，以及智能网联汽车技术师资培训教材。

图书在版编目(CIP)数据

智能网联汽车传感器技术/杨宗平，蔡月萍主编. —北京：人民交通出版社股份有限公司，2022.5

ISBN 978-7-114-17122-2

Ⅰ.①智… Ⅱ.①杨…②蔡… Ⅲ.①智能控制—汽车—传感器—高等职业教育—教材 Ⅳ.①U463.6

中国版本图书馆 CIP 数据核字(2021)第 279725 号

书　　名：**智能网联汽车传感器技术**
著 作 者：杨宗平　蔡月萍
责任编辑：张一梅
责任校对：赵媛媛
责任印制：刘高彤
出版发行：人民交通出版社股份有限公司
地　　址：(100011)北京市朝阳区安定门外外馆斜街 3 号
网　　址：http://www.ccpcl.com.cn
销售电话：(010)59757973
总 经 销：人民交通出版社股份有限公司发行部
经　　销：各地新华书店
印　　刷：北京市密东印刷有限公司
开　　本：787×1092　1/16
印　　张：7
字　　数：162 千
版　　次：2022 年 5 月　第 1 版
印　　次：2024 年 1 月　第 2 次印刷
书　　号：ISBN 978-7-114-17122-2
定　　价：33.00 元

前言 | PREFACE

近年来，全球新一轮的科技革命和产业变革加速演进，新一代信息技术及其深度应用已经推动人类社会步入新的发展阶段，智能经济蓬勃发展，对经济社会发展影响深远。汽车技术的发展日新月异，电动化、网联化、智能化、共享化成为汽车产业发展潮流和趋势。目前，我国汽车产业迅速发展，自主品牌市场份额逐年提高，关键零部件供给能力明显增强，新能源汽车产业体系日渐完善，电池、电机、电控系统及整车具有较强的国际竞争力，这为智能汽车的发展奠定了坚实的基础。2015 年 5 月，国务院印发《中国制造 2025》，汽车被列入“十大重点领域”，“智能网联汽车”首次在国家政策层面正式提出。2019 年 9 月，中共中央、国务院印发《交通强国建设纲要》，提出加强智能网联汽车（智能汽车、自动驾驶、车路协同）研发，形成自主可控完整的产业链。国家发展改革委、工业和信息化部等 11 部委联合发布《智能汽车创新发展战略》，提出到 2025 年，实现有条件自动驾驶的智能汽车达到规模化生产，实现高度自动驾驶的智能汽车在特定环境下市场化应用。2021 年 2 月，国务院印发《国家综合立体交通网规划纲要》，提出推进智能网联汽车（智能汽车、自动驾驶、车路协同）应用，推动智能网联汽车与智慧城市协同发展。在政策、技术与市场等多重因素的影响下，汽车产业作为国民经济的重要支撑产业，与能源、交通、信息通信等领域有关技术加速融合，正朝着网联化、智能化进程加速推进。智能网联汽车技术的发展已进入快车道。然而，目前国内高职院校汽车专业人才培养供给难以满足智能网联汽车产业发展需求。

2021 年 4 月，中国汽车工程学会、国家智能网联汽车创新中心发布了全国职业院校《智能网联汽车专业建设白皮书（2021 版）》，为职业院校智能网联汽车技术专业建设提供了思路。为了抓住汽车产业智能化发展战略机遇，满足行业对智能网联汽车技术专业人才的需求，加快推进智能汽车技术创新发展，人民交通出版社股份有限公司组织相关院校教师与企业专家共同开发了高等职业教育智能网联汽车技术专业教材。本套教材具有以下特点：

1. 以爱党、爱国、爱社会主义、爱人民、爱集体为主线，围绕政治认同、家国情怀、文化素养、宪法法治意识、道德修养等因素，深入挖掘教材内容中蕴含的思政资源，提炼并利用教材思政元素，寓价值观引导于知识传授和能力培养之中，帮助学生树立正确的世界观、人生观、价值观，实现全员全程全方位育人。

2. 立足先进的职业教育理念，紧跟汽车新技术的发展步伐，结合智能网联汽车技术专业的人才、培养模式和课程体系设置等进行教材内容设置，及时反映产业升级和行业发展需求，体现新知识、新技术、新工艺、新方法、新材料。

3. 以就业为导向，以职业能力培养为核心，注重学生实践应用能力的培养和技能的提升，使学生培养过程实现“理实一体”，旨在为行业培养高素质的智能网联汽车技术技能人才。

4. 教材呈现形式立体化，借助现代信息技术，科学整合多媒体、多形态、多层次的教学资源，教材的知识点以二维码链接数字资源，满足学生个性化学习的需求，提升教材使用体验。

《智能网联汽车传感器技术》是本系列教材之一。全书由重庆交通职业学院杨宗平、青海交通职业技术学院蔡月萍担任主编，成都盘沣科技有限公司袁亮、重庆金皇后新能源汽车制造有限公司何成诚、重庆交通职业学院程鹏担任副主编。参加本教材编写工作的有：重庆交通职业学院杨宗平（编写模块一、模块三）；青海交通职业技术学院蔡月萍（编写模块二）；成都盘沣科技有限公司袁亮、成都华府机动车检测有限公司赵伟杰（编写模块四、模块六）；重庆金皇后新能源汽车制造有限公司何成诚（编写模块五）。成都盘沣科技有限公司给予了作者大力支持，在此表示衷心的感谢。作者在编写过程中引用了相关文献和资料，特向其作者表示诚挚的谢意。

智能网联汽车技术是一个新专业，涉及的新技术较多，限于作者水平，书中难免出现疏漏或错误之处，恳请读者批评指正。

作　者

2021 年 11 月

目录 | CONTENTS

模块一 智能网联汽车传感器概述

学习目标

▶ 知识目标

1. 了解环境感知传感器的组成。
2. 掌握超声波雷达、毫米波雷达、激光雷达、视觉传感器的定义、类型。
3. 了解组合导航的原理。

▶ 技能目标

1. 掌握超声波雷达的应用。
2. 掌握毫米波雷达的应用。
3. 掌握激光雷达的应用。
4. 掌握视觉传感器的应用。
5. 掌握组合导航的应用。

建议课时

6 课时

工业和信息化部在《国家车联网产业标准体系建设指南(智能网联汽车)》中明确规定:智能网联汽车(Intelligent and Connected Vehicle, ICV)是指搭载先进的车载传感器、控制器、执行器等装置,并融合现代通信与网络技术,实现车与X(车、路、人、云等)智能信息交换、共享,具备复杂环境感知、智能决策、协同控制等功能,可实现安全、高效、舒适、节能行驶,并最终实现替代人来操作的新一代汽车。

智能网联汽车的环境感知就是利用车载激光雷达、毫米波雷达、超声波雷达、视觉传感器以及车用无线通信技术(V2X)等获取道路、车辆位置和障碍物的信息,并将这些信息传输给车载控制中心,为智能网联汽车提供决策依据,是 ADAS 实现的第一步。

环境感知系统主要由超声波传感器、激光雷达、毫米波雷达、视觉传感器、定位导航、惯性元件、车载网络等组成,如图 1-1 所示。

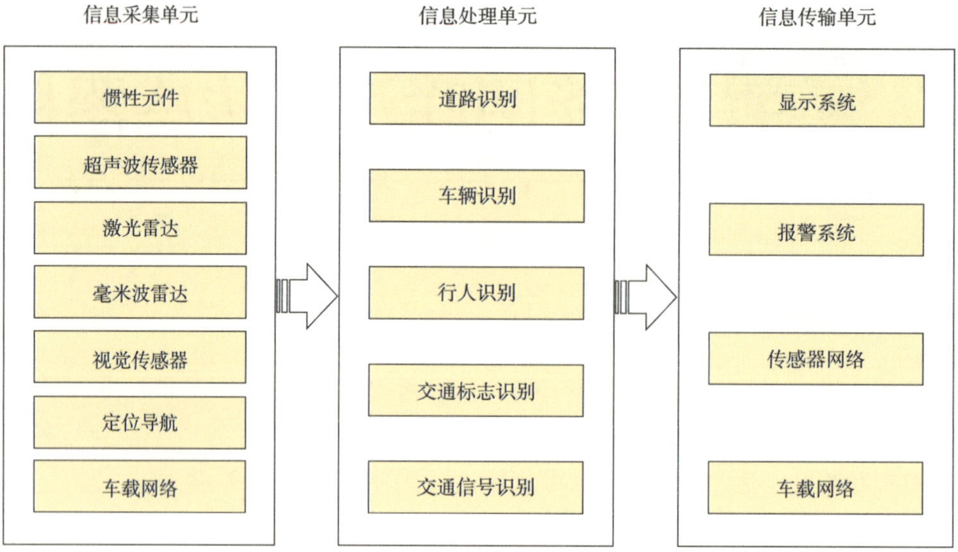

图 1-1　环境感知系统组成

一　超声波雷达认知

(一)超声波雷达的概念

超声波是一种频率高于 20kHz 的声波(机械波),它的方向性好、反射能力强,易于获得较集中的声能。超声波雷达(UltraSonic Radar)是利用超声波的特性研制而成的传感器,通过从超声波发射装置向外发出超声波开始到接收器接收到反射回来超声波时的时间差来测算距离,从而探知周围的障碍物情况,减少驾驶员在停车、倒车和起动车辆时前、后、左、右探视带来的麻烦,帮助驾驶员消除盲点和视线模糊带来的缺陷,提高行车安全性。超声波雷达外观如图 1-2、图 1-3 所示。

图 1-2　超声波雷达(1)

图 1-3　超声波雷达(2)

(二)超声波雷达的类型

汽车雷达包括超声波雷达、毫米波雷达、激光雷达等。它们的原理、性能特点也有所差异,可以应用在不同的车辆功能中。图1-4所示为超声波雷达、毫米波雷达、激光雷达的频率范围。

超声波雷达按照探头的工作频率分为三种:40kHz、48kHz和58kHz探头的超声波雷达。一般来说,工作频率越高,灵敏度越高,但水平与垂直方向的探测角度就越小,故一般超声波雷达采用40kHz的探头。

超声波雷达防水、防尘,即使有少量的泥沙遮挡也不影响,探测范围在0.1~3m之间,且精度较高,因此非常适用于停车。车载超声波雷达一般安装在汽车的保险杠上方,隐藏在保险杠的某个位置。

按照超声波雷探测距离,超声波雷达可分为两种。如图1-5所示,第一种是短程超声波雷达,称为UPA,安装在汽车前后保险杠上,是用于测量汽车前后障碍物的倒车雷达,其检测范围为25cm~2.5m,由于检测距离小、多普勒效应和温度干扰小,检测更准确;第二种是远程超声波雷达,称为APA,安装在汽车侧面,用于测量侧方障碍物距离,其检测范围为35cm~5m,可覆盖一个停车位,方向性强,探头的波传播性能优于UPA,相比于UPA成本更高,功率也更大。

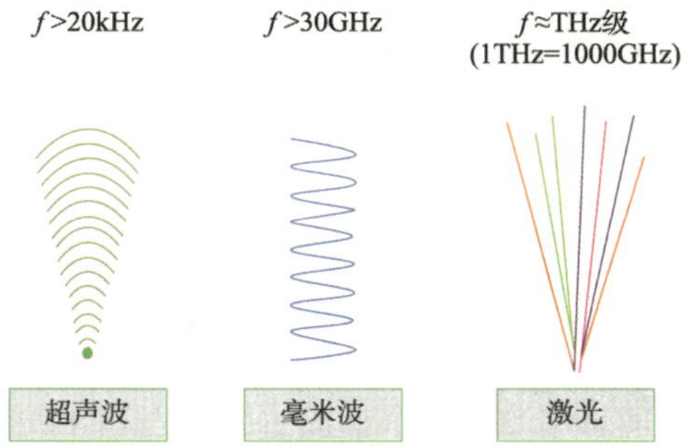

图1-4 超声波雷达、毫米波雷达、激光雷达频率范围

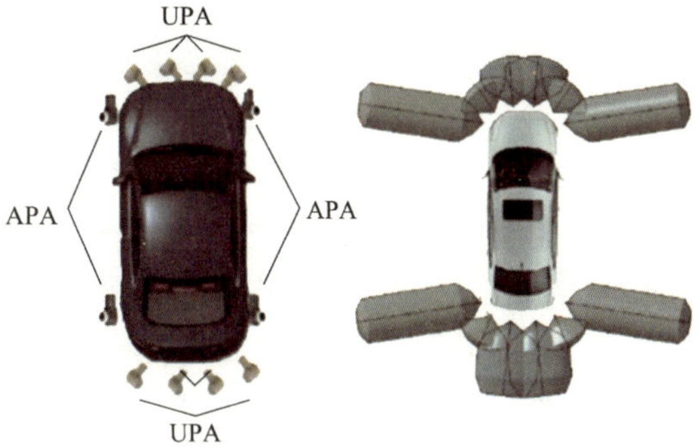

图1-5 UPA、APA超声波雷达应用

(三)超声波雷达功能及应用

1. 停车系统

停车系统是利用超声波传感器检测与障碍物之间的距离,辨认障碍物并通过光或声的形式报警,帮助汽车停车入位,如图1-6所示。超声波雷达可监控汽车前面或后面10m范围以内的情况。

2. 自动停车中的停车库位检测

自动停车功能需要经历两个阶段:①识别库位;②倒车入库。

当汽车缓缓驶过库位时,汽车右前方的APA超声波雷达返回探测距离与时间的关系。通过检测空位长度,判断当前空间可否入库,右后方的APA超声波雷达用以做库位的二次验证,如图1-7所示。

3. 高速横向辅助

特斯拉Model S在AutoPilot 1.0时代就实现了高速公路的巡航功能,为了增加高速巡航功能的安全性和舒适性，特斯拉将用于停车的 APA 超声波雷达，同时用于高速巡航时的横向辅助，安装于汽车侧方的 APA 超声波雷达用于检测侧方的车道是否有车辆接近。

图 1-6　倒车雷达

图 1-7　停车库位检测

二、毫米波雷达认知

（一）毫米波雷达定义

毫米波雷达，是指工作频率在毫米波频段的探测雷达，外观如图 1-8 所示。毫米波（Millimeter Wave，MMW）是波长在 1 ~ 10mm 的电磁波，对应的频率范围为 30 ~ 300GHz。

毫米波雷达使用的毫米波，其波长介于厘米波和光波之间，位于微波与远红外波相交叠的波长范围内，因此毫米波兼有微波制导和光电制导的优点，同时也有其独特的性质。与厘米波导引头相比，毫米波导引头具有体积小、质量轻和空间分辨率高的特点。与红外线、激光、电视等光学导引头相比，毫米波导引头穿透雾、烟、灰尘的能力强，具有全天候（大雨天除外）全天时工作的特点。另外，毫米波导引头的抗干扰、反隐身能力也优于其他微波导引头。

毫米波雷达的组成如图 1-9 所示，主要包括天线、收发系统、信号处理系统，收发系统芯片单片（MMIC）和天线 PCB（印制电路板）是毫米波雷达的硬件核心。博世（Bosch）第 2 代、第 3 代毫米波雷达结构如图 1-10 所示，基于 siGe 技术的 77GHz 汽车雷达系统结构如图 1-11 所示。

图 1-8　毫米波雷达外观

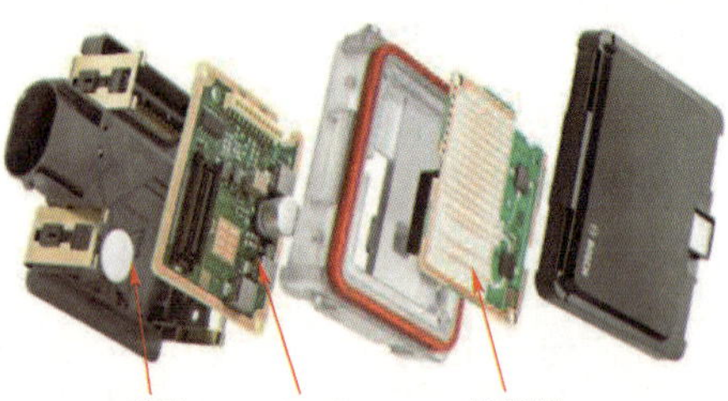

图 1-9　毫米波雷达的组成

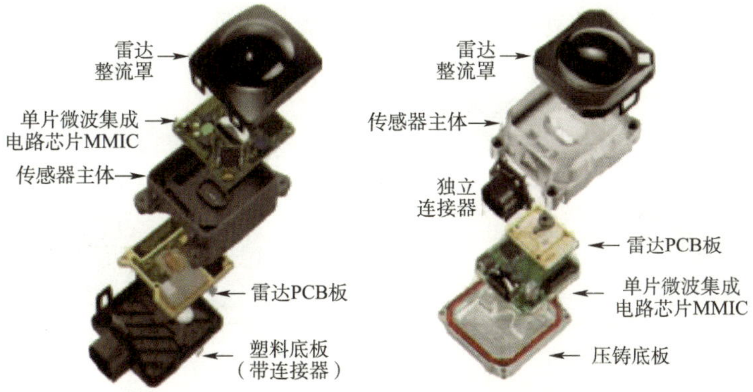

a)博世Bosch 第2代长距离雷达　　b)博世Bosch 第3代长距离雷达

图 1-10　毫米波雷达结构

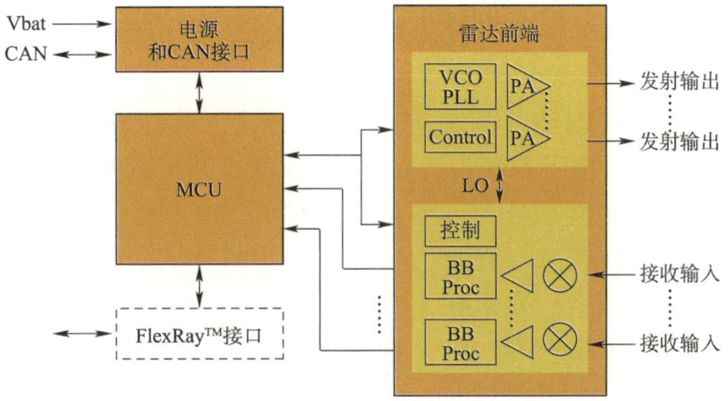

图 1-11　基于 siGe 技术的 77GHz 汽车雷达系统结构图

毫米波雷达的测距原理，就是通过发出无线电波（毫米波），然后再接收物体反射的回波，并根据收发的时间差测得目标的位置数据和相对距离。根据电磁波的传播速度，可以确定目标的距离为：

$$s = \frac{ct}{2} \tag{1-1}$$

式中：s——目标距离；

t——电磁波从雷达发射出去到接收到目标回波的往返时间；

c——电磁波传播的速度，即光速。

（二）毫米波雷达的分类

（1）毫米波雷达根据工作频段的不同，可以分为 24GHz、60GHz、77GHz、79GHz、120GHz 频段的毫米波雷达，其中 24GHz 和 77GHz 两种频段用于汽车，如图 1-12 所示。

（2）根据毫米波雷达的有效射程，车载毫米波雷达可分为远距雷达（LRR）、中距雷达（MRR）和短距雷达（SRR），如图 1-13 所示。短距毫米波雷达一般探测距离小于 70m，中距毫米波雷达一般探测距离为 100m；远距毫米波雷达探测距离一般大于 200m。

频段 24GHz 的称为短距毫米波雷达，主要用于 5～70m 的中、短程检测，如盲区监测系统（BSD）、车道偏离警示系统（LDW）、车道保持辅助系统（LKA）、变道辅助系统（LCA）、停车辅助、倒车辅助等功能。24GHz 是毫米波雷达目前较为成熟的工作频段,它的工作带宽一般为 250MHz。

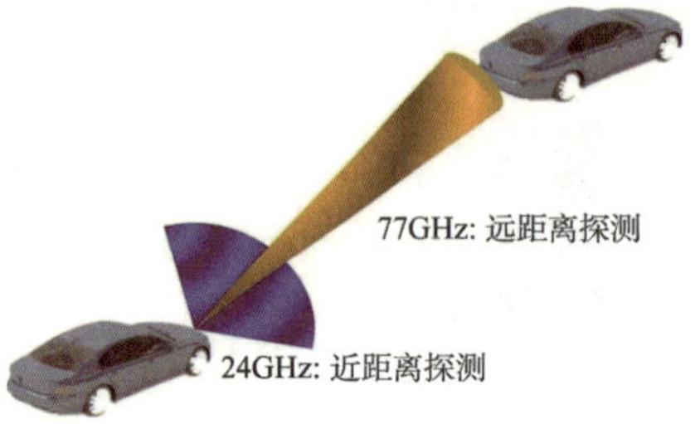

图 1-12　汽车用毫米波频段

图 1-13　远距、中距、短距毫米波雷达

频段 77GHz 的毫米波雷达包含中距毫米波和远距毫米波雷达,主要用于 100 ~ 250m 的中、远程检测,如自适应巡航系统(ACC)、前向碰撞预警系统(FCW)、自动紧急制动(AEB)、自动停车系统(APS)、疲劳驾驶预警系统(DMS)等。77GHz 毫米波雷达的工作带宽为 800MHz。

(3)按照毫米波雷达发射波的调制方式不同,分为调频连续波(FMCW)式、脉冲波式(脉冲多普勒雷达)和 ESR(电子扫描雷达)式。车载毫米波雷达根据测量原理的不同,一般分为脉冲波式和调频连续波式两种。

脉冲波式雷达在测量近距离目标时,发射和接收脉冲之间的时间差极小,通常达到纳秒级,要求处理器的运行频率很高,在实际工程中较少采用。调频连续波式雷达利用多普勒频移原理来测距测速,对处理器要求较低,大部分应用场合均采用调频连续波式雷达。

(三)毫米波雷达功能及应用

为了满足不同探测距离的需要,车内安装了大量的短距、中距和远距毫米波雷达。不同的毫米波雷达在车辆的前部、车身侧面和后部起着不同的作用,见表 1-1。

毫米波雷达不同位置应用　　表 1-1

毫米波雷达类型		短距雷达	中距雷达	远距雷达
探测距离(m)		<60	100 左右	>200
工作频段(GHz)		24	77	77
功能	自适应巡航系统		前方	前方
	自动紧急制动系统		前方	前方
	前向碰撞预警系统		前方	前方
	自动停车辅助系统	侧方	侧方	
	盲区监测系统	前方、后方	侧方	
	变道辅助系统	后方	后方	
	后方碰撞预警系统	后方	后方	
	行人监测系统	前方	前方	
	停车开门辅助系统	侧方		

毫米波雷达的应用如图 1-14 所示。

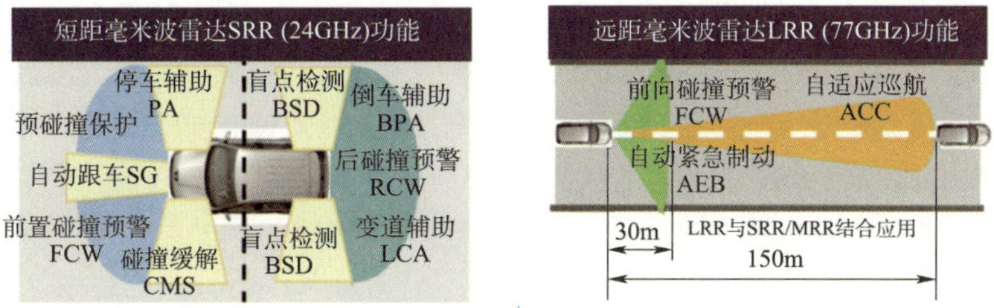

图 1-14 毫米波雷达的应用

目前,汽车智能驾驶正站在了 L2 向 L3、L4 升级的档口,2021 年 ADAS 有望迎来高速发展,带动毫米波雷达应用进一步增长。商用车市场 ADAS 普及度尚低,据佐思汽研报告(2020 年)称,中国 L2 级乘用车销量份额超 15%,而 L2 级载货汽车尚处于量产初期。随着政策强力推进下,商用车的蓝海市场将成为 ADAS 的增量机会。另一方面,乘用车自动紧急制动系统(Automatic Emergency Braking System,AEBS)装配率仍相对较低,且主要集中于中高端车型,本身仍有较大提升空间。根据佐思汽研报告,2020 年前 11 月,中国乘用车新车 AEB 装配率为 32.3%,较 2019 年同期上升 12.7 个百分点;根据美国高速公路安全管理局(NHTSA)统计,特斯拉、沃尔沃、宝马、奥迪等车厂新车 AEB 装配率均达 98% 以上。ADAS 在中国乘用车渗透率仍有较大提升空间,有望带动毫米波雷达装配量提升。

三 激光雷达认知

(一)激光雷达定义

激光雷达(Light Detection and Ranging, LiDAR)是工作在光频波段的雷达,它利用光频波段的电磁波先向目标发射探测信号,然后将接收到的同波信号与发射信号相比较,从而获得目标的位置(距离、方位和高度)、运动状态(速度、姿态)等信息,实现对目标的探测、跟踪和识别。

图 1-15 为单线激光雷达结构。激光雷达机械部分主要由激光发射器、光学接收器、伺服电机、光学旋转编码器、倾斜镜等构成。

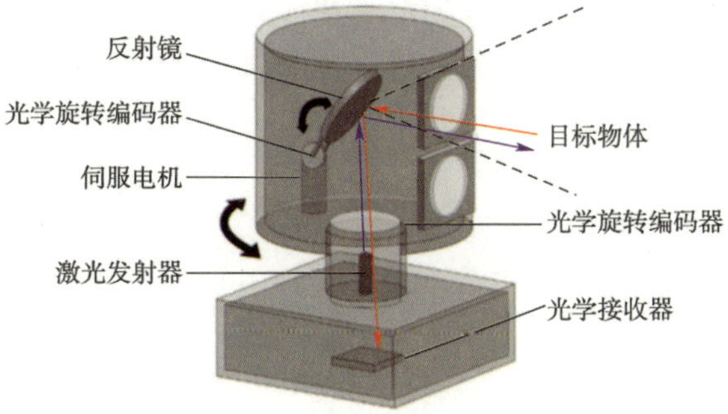

图 1-15 单线激光雷达结构

激光雷达通过发射激光光束来扫描环境，并接收反射回来的光束获取检测数据，利用飞行时间测量法(Time of Flight)获取激光发射器到物体的距离，具体过程为：激光雷达中的激光发射器在时间 t_1 发射出一束超短激光脉冲。激光投射到物体上后发生漫反射，激光接收器在时间 t_2 接收反射回来的激光脉冲。通过激光光束(以光速传播)的飞行时间(t_2-t_1)和光速，准确计算出目标物体到激光雷达的距离。

(二)激光雷达分类

激光雷达，按照探测方式可分为：直接探测雷达、相干探测雷达；按照激光雷达的波段可分为：紫外线激光雷达、可见激光雷达、红外线激光雷达；按照激光雷达工作介质可分为：半导体激光雷达、固体激光雷达、气体激光雷达、二极管泵浦固体激光雷达；按照激光发射波形可分为：连续型激光雷达、脉冲型激光雷达、混合型激光雷达；按照有无机械旋转部件可分为：机械激光雷达、固态激光雷达、混合固态激光雷达；按照线束的多少可分为：单线束激光雷达、多线束激光雷达；按照载荷平台的不同可分为：车载激光雷达、机载激光雷达、星载激光雷达。

(三)激光雷达功能及应用

激光雷达应用广泛，其应用途径包括：①高精度地图的绘制；②无人驾驶汽车定位；③障碍物检测。激光雷达是目前公认L3及以上自动驾驶必不可少的传感器。

1.激光雷达的应用

激光雷达能够通过三维点云精确地还原环境，使得利用点云去提取环境中的目标特征成为可能。在此基础上，激光雷达可以用于车道线检测、目标分类与运动跟踪，以及通过环境特征匹配进行的同步建图(SLAM)高精度定位等感知手段；能够提供高精度地图建图、高精度定位、环境中复杂物体的识别与跟踪等环境理解能力，为控制系统的正确决策提供指导。

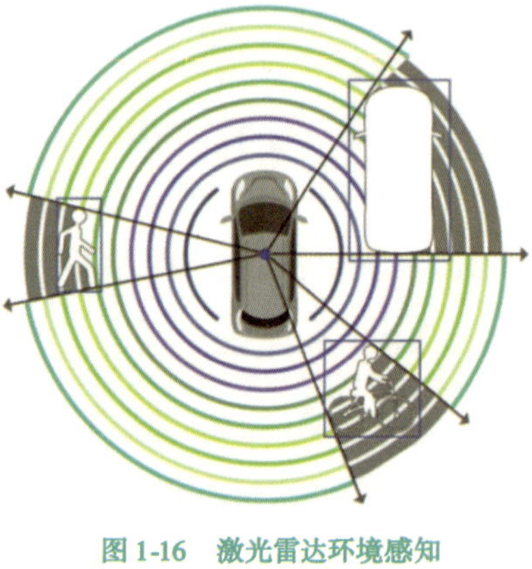

图1-16 激光雷达环境感知

2.激光雷达在自动驾驶中的作用

在无人驾驶领域，多线激光雷达主要有以下两个核心作用：

(1)3D建模及环境感知(图1-16)：通过多线激光雷达，可以扫描到汽车周围环境的3D模型，运用相关算法对比上一帧及下一帧环境的变化，能较为容易地检测出周围的车辆及行人。

(2)SLAM定位加强：SLAM是激光雷达另一大特性，通过实时得到的全局地图与高精度地图中的特征物进行比对，能加强车辆的定位精度并实现自主导航。

四 视觉传感器认知

(一)视觉传感器的定义

视觉传感器俗称摄像头，是指利用光学元件和成像装置获取外部环境图像信息的仪器。

通常用图像分辨率来描述视觉传感器的性能,视觉传感器的精度与分辨率、被测物体的检测距离相关,被测物体距离越远,其绝对的位置精度越低。

视觉传感器是人工智能的一个分支,起源于20世纪80年代的神经网络技术,通过使用光学系统和图像处理工具等来模拟人的视觉能力捕捉和处理场景的三维信息,理解并通过指挥特定的装置执行决策。视觉传感器涉及多种技术,包括图像处理技术、机械工程技术、控制技术、电光源照明、光学成像、传感器、模拟与数字视频技术、计算机软硬件技术等。

一个典型的视觉传感器系统包括:光源、工业相机、工业镜头、图像处理单元、监视器、通信/输入输出单元等。其核心是图像处理单元,也就是把存入的大量数字化信息与模板库信息进行比较处理,并快速得出结论,其运算速度和准确率是关键指标。这主要通过高效合理的算法和处理能力强大的芯片来实现。

视觉传感器主要由光源、镜头、图像传感器、模/数转换器、图像处理器、图像存储器等组成,如图1-17所示。其主要功能是获取足够的机器视觉系统要处理的最原始图像。把光源、摄像机、图像处理器、标准的控制与通信接口等集成一体的视觉传感器常称为一个智能图像采集与处理单元,内部程序存储器可存储图像处理算法,并能使用计算机,利用专用组态软件编制各种算法下载到视觉传感器的程序存储器中,视觉传感器将计算机的灵活性、可编程逻辑控制器(PLC)的可靠性、分布式网络技术结合一起,用这样的视觉传感器和PLC可以更容易地构成机械视觉系统。

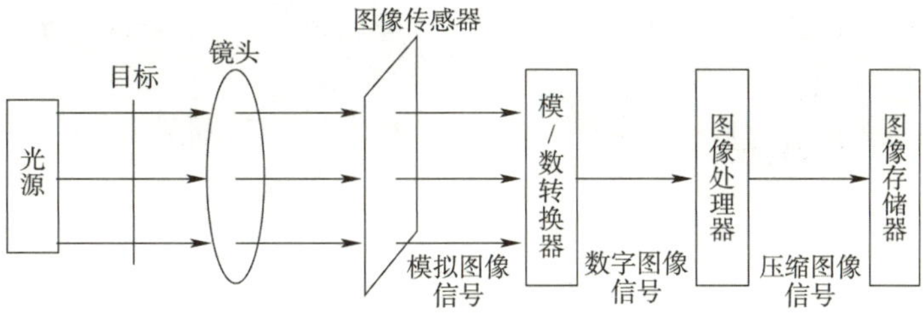

图1-17 视觉传感器的组成

图像传感器是视觉传感器的核心部件,它的作用是将镜头所成的图像转变为数字或模拟信号输出。主要有两种图像传感器,分别是电荷耦合元件(Charge Couple Device,CCD)图像传感器和互补金属氧化物半导体(Complcmentary Metal Oxide Semiconductor,CMOS)图像传感器,两者都可应用于自动控制、自动测量、摄影摄像、视觉识别等领域。

1. CCD图像传感器

CCD,也称为电荷耦合元件。CCD图像传感器主要由一个类似马赛克的网格、聚光镜片以及垫于最底下的电子线路矩阵组成,其外形如图1-18所示。

CCD图像传感器又可分为线阵CCD图像传感器(图1-19)和面阵CCD图像传感器(图1-20):线阵CCD图像传感器用于获取线阵图像,面阵CCD图像传感器用于获取表面图像。

CCD图像传感器的功能类似于胶片,上面有很多整齐排列的光电二极管,接收到光信号之后,可以将光信号装换为电信号,再经过采样放大,模/数转换电路变成数字图像信号。其上最小单元的光敏物质称为像素，一块 CCD 图像传感器上所包含的像素越多，感光后所得到的数字信号图像分辨率越高。

图 1-18 CCD 图像传感器

图 1-19 线阵 CCD 图像传感器

CCD 图像传感器的优点是体积小、成本低，所以它被广泛应用于扫描仪、数码相机及数码摄像机中。

2. CMOS 图像传感器

CMOS，也称为互补性氧化金属半导体。COMS 图像传感器是利用 CMOS 工艺制造的图像传感器，主要利用了半导体的光电效应，和 CCD 图像传感器的原理相同，其外形如图 1-21 所示。

图 1-20 面阵 CCD 图像传感器

图 1-21 CMOS 图像传感器

（二）视觉传感器的分类

视觉传感器由镜头、镜头模组、滤光片、CMOS/ CCD、ISP 和数据传输部分组成。

按照镜头和布置方式的不同，视觉传感器可以分为单目摄像头、双目摄像头、三目摄像头、环视摄像头。

视觉传感器还有一般摄像头和红外线摄像头之分，由于普通摄像头只能在白天工作，不能兼顾汽车夜间行驶的需求，因此汽车上的摄像头基本上采用红外线摄像头，例如红外线夜视系统。

（三）视觉传感器的功能及应用

视觉传感器的功能主要是：车道线识别、障碍物检测、交通标志和地面标志识别、交通信号灯识别、可通行空间检测、车辆/行人的检测、交通状况感知、道路状况感知、车辆本身状态感知等。视觉传感器检测信息全面、价格便宜，但受雨雪天气和光照影响较大。

由于视觉传感器具有成本相对低、算法成熟度高、体积小、功能多样化等优点，智能网联汽车上的视觉传感器安装数量较多，如图 1-22 所示，车辆包含 1 个内置摄像头，1 个前视摄像头、1 个行车记录仪摄像头、1 个倒车后视摄像头、2 个侧视摄像头和 2 个环视摄像头。

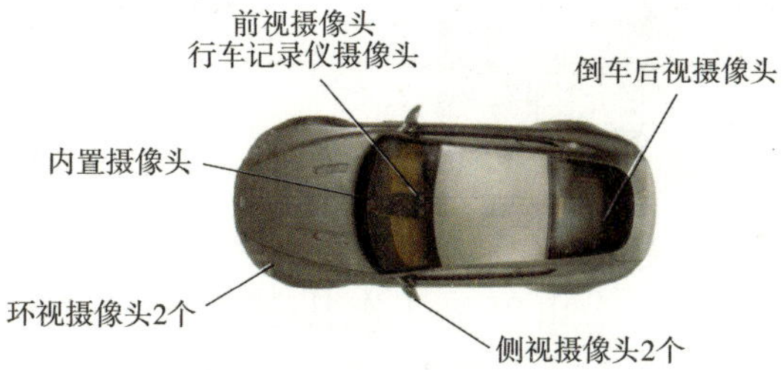

图 1-22　视觉传感器的应用

视觉传感器在智能网联汽车上的应用见表 1-2。

视觉传感器在智能网联汽车上的应用　　表 1-2

视觉传感器位置	ADAS 功能	实现功能
前视	车道偏离预警	当检测到车辆即将偏离行车道时发出警告
侧视	盲点监测	利用侧视摄像头将后视镜盲区的影像显示在驾驶舱内
后视	停车辅助	利用后视摄像头将车尾影像显示在驾驶舱内
前视、侧视、后视	全景停车	利用图像拼接技术将摄像头采集到的影像组合成车辆周边的全景图
内置	驾驶员监测	利用内置摄像头监测驾驶员是否疲劳、闭眼等
前视	行人碰撞预警	当检测到前方行人可能发生碰撞时发出警告
前视	车道保持辅助	当检测到车辆即将偏离行车道时由车辆控制器纠正行驶路线
前视、侧视	交通标志识别	识别车辆前方和两侧的交通标志
前视	前向碰撞预警	当检测到与前车距离过近时发出警告

五　定位与导航系统

(一)全球导航卫星系统

全球导航卫星系统(Global Navigation Satellite System，GNSS)是一种基于卫星基础设施的，具有全球覆盖范围的无线电定位技术，如图 1-23 所示。

GNSS 泛指所有的全球卫星定位系统，全球现已投入运作的 GNSS 主要包括：美国的全球定位系统(GPS)、俄罗斯的格洛纳斯卫星导航系统(GLONASS)、欧洲的伽利略系统(GALILEO)和我国的北斗卫星导航系统(BDS)。现阶段大多数的商用定位系统基本上都兼容 GPS、BDS、GLONASS 三种卫星定位系统。

1. GPS

GPS 由空间部分、地面部分和用户部分等组成，如图 1-24 所示。

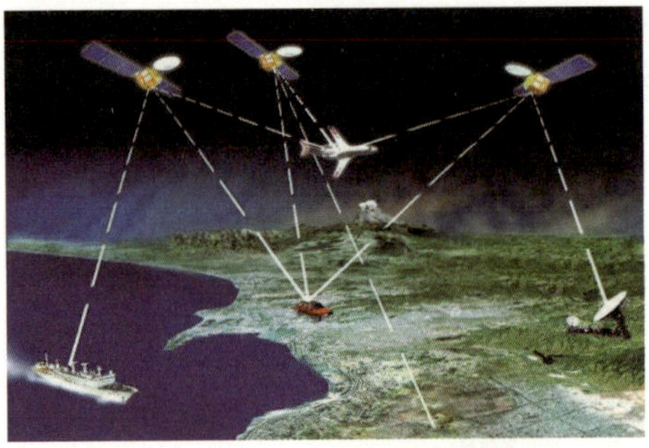

图 1-23　全球导航卫星系统示意图

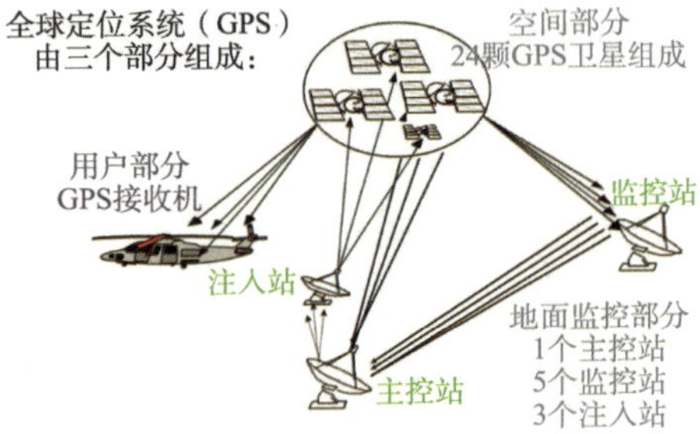

图 1-24　GPS 组成

（1）空间部分：GPS 的空间部分由 24 颗工作卫星组成一个 GPS 卫星组，其中 21 颗是导航卫星，3 颗是活动的备用卫星。24 颗卫星均匀分布在 6 个轨道面上绕地球运行，每个轨道面上有 4 颗卫星，轨道倾角为 55°。卫星的运行周期约为 12h。各轨道平面上卫星间的仰角相隔 90°，其中一个轨道平面上的卫星比西部相邻轨道平面上相应的卫星提前 30°。GPS 卫星组保证在 24h，在高度角 15°以上，用户能够同时观测到 4 ~ 8 颗卫星，每颗工作卫星都发射用于导航和定位的信号，用户可以使用这些信号来实现导航。

（2）地面监控部分：GPS 地面监控部分包括 1 个主控站、5 个监测站、3 个注入站和通信与辅助系统。主控站位于科罗拉多-法尔孔（Colorado-Falcon）空军基地；5 个监测站分别为 1 个主控站、3 个注入站、夏威夷监测站；3 个注入站分别位于阿松森群岛、迭哥・伽西亚、卡瓦加兰。

地面控制部分的主要作用如下。

①主控站：主要用于采集各监测站的数据。

②地面天线：用于接收 GPS 卫星信号。

③监测站：监测和采集数据。

④通信辅助系统：实现两个或两个以上地点之间的通信。

（3）用户部分：GPS 用户部分包括卫星导航接收机和卫星天线。它的作用是接收 GPS 卫星所发出的信号，利用这些信号进行导航定位。接收机捕获被并跟踪卫星的运行情况。接收机的微处理器再根据定位解算方法进行定位计算，得到用户地理位置的纬度、经度、高度、速度、时间等信息。典型的 GPS 用户部分如图 1-25、图 1-26 所示。

图 1-25　手持 GPS 接收机

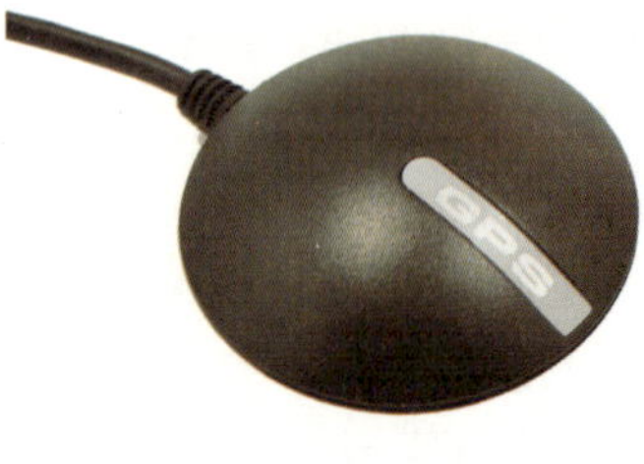

图 1-26　GPS 接收机

2. BDS

BDS 是中国自行研制的全球卫星导航系统，也是继 GPS、GLONASS 之后的第三个成熟的卫星导航系统。

1）BDS 的工作原理

BDS 由空间段、地面段和用户段三部分组成。其定位原理与 GPS 定位原理基本相同。BDS 示意图如图 1-27 所示，首先由中心控制系统向卫星Ⅰ和卫星Ⅱ同时发送询问信号，经卫星转发器向服务区内的用户广播。用户响应其中一颗卫星的询问信号，并同时向两颗卫星发送响应信号，经卫星转发回中心控制系统。中心控制系统接收并解调用户发来的信号，然后根据用户的申请服务内容进行相应的数据处理。

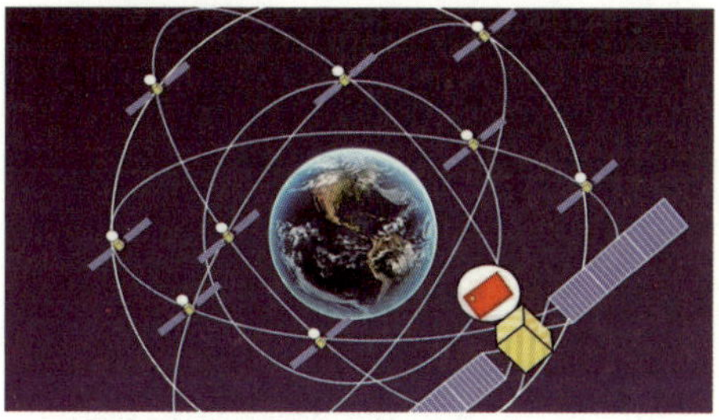

图 1-27 BDS 示意图

（1）空间段。BDS 空间段由若干地球静止轨道卫星、倾斜地球同步轨道卫星和中圆地球轨道卫星组成混合导航星座。

（2）地面段。BDS 地面段包括主控站、时间同步/注入站和监测站等若干地面站。

（3）用户段。BDS 用户段包括北斗兼容其他卫星导航系统的芯片、模块、天线等基础产品，以及终端产品、应用系统与应用服务等。

2）BDS 的技术特点

（1）使用三频信号。

（2）有源定位及无源定位相结合。

（3）短报文通信服务。

（4）关联紧密，境内监控。

（5）覆盖范围广。

（二）惯性导航系统

对于自动驾驶车辆，车辆的实时精准定位尤为重要，GPS 在自动驾驶定位中担负着相当重要的职责。但由于车辆处于城市的复杂动态环境中，GPS 多路径反射的问题会很明显，GPS 定位信息很容易出现较大误差，有时甚至能有几米的误差。对于在有限宽度的车道上高速行驶的汽车来说，这样的误差很有可能导致交通事故。此外，由于 GPS 的更新频率低（10Hz），在车辆快速行驶时很难给出精准的实时定位。因此，常用惯性传感器（Inertial Measurement Unit，IMU）来辅助定位，增强定位的精度。

IMU 是检测加速度与旋转运动的高频（1kHz）传感器，对其数据进行处理后我们可以实时得出车辆的位移与转动信息，但 IMU 自身也有偏差与噪声等问题。通过融合 GPS 与 IMU 数据，各取所长，可以达到较好的定位效果。图 1-28 所示为维特惯性测量单元。

1. 惯性导航系统（INS）认知

惯性导航系统是一种利用惯性传感器测量载体的角速度信息，并结合给定的初始条件实时推算速度、位置、姿态等参数的自主式导航系统，如图 1-29 所示。惯性导航系统基于惯性传感器的定位方法,利用陀螺仪和加速度传感器,去测量车辆的角加速度和线加速度,并将测量数据整合起来,计算出车辆相对于初始姿态的当前姿态信息。惯性定位方法不需要接收外部信号,不受环境干扰,但是存在累积误差,时间越长,积累误差越大。因此,该方法适用于短时间内的局部定位或辅助定位。惯性定位广泛应用于与其他定位方式的组合中。

图 1-28　惯性测量单元

图 1-29　惯性导航系统

惯性是指使用惯性器件(陀螺仪和加速计)确定运载体的角速度和加速度,其中陀螺仪用来测量运载体的角速度(图 1-30),加速计用来测量运载体的加速度,外形如图 1-31 所示。导航是指确定运载体的位置、航向及姿态。惯性导航系统是指将敏感器件(如陀螺仪和加速计)数据视为导航参数的解算系统,该系统根据陀螺仪的输出建立起导航坐标系,根据加速度计输出解算出运载体的速度和位置。惯性导航系统原理如图 1-32 所示。

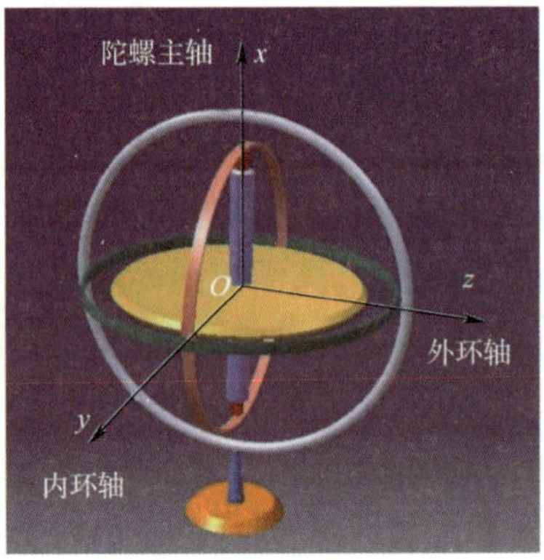

图 1-30　陀螺仪原理图

图 1-31　加速度计

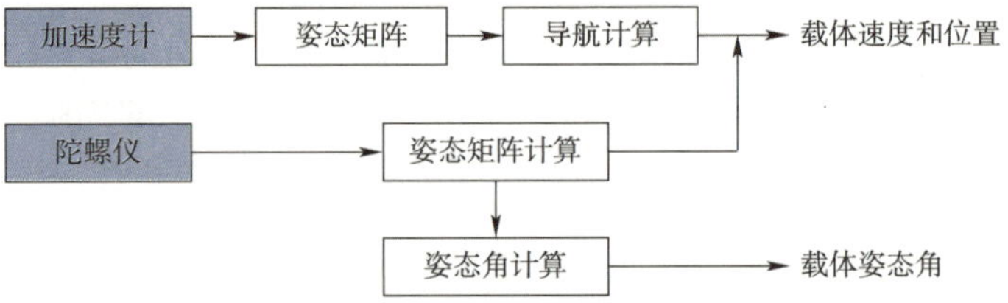

图 1-32　惯性导航系统原理

2. 惯性导航系统的分类

(1)根据陀螺仪的不同,惯性导航系统可分为机电(包含液浮、气浮、静电、挠性等种类)陀螺仪、光学(包含激光、光纤等种类) 陀螺仪、微机械(MEMS)陀螺仪等类型的惯性导航系统。

(2)根据力学编排实现形式的不同,惯性导航系统又可以分为平台式惯性导航系统和捷联式惯性导航系统。

3. 惯性导航的优缺点

1)优点

(1)不需要借助 GPS 信号,可以在隧道、地下室等环境实现定位、测速。

(2)高采样率和运算速度可实现很短的时延,更新频率高,工作频率可达 100Hz 以上。

(3)短时间内的推算精度高、误差小。

2)缺点

(1)初始速度、方向无法测量。

(2)随着时间推移,速度、位置累计误差严重。

技能实训

<table>
<tr><th colspan="6">实训项目　环境感知传感器认知</th></tr>
<tr><td>课程名称</td><td colspan="2"></td><td>日期</td><td></td><td>成绩</td></tr>
<tr><td>学生姓名</td><td colspan="2"></td><td>学号</td><td></td><td>班级</td></tr>
<tr><td>任务载体</td><td colspan="5">带有环境传感器的智能网联汽车</td></tr>
<tr><td rowspan="4">任务目标</td><td colspan="5">1. 了解智能网联汽车环境感知传感器的类型</td></tr>
<tr><td colspan="5">2. 了解各环境感知传感器安装位置</td></tr>
<tr><td colspan="5">3. 了解各环境感知传感器作用</td></tr>
<tr><td colspan="5">4. 掌握超声波雷达探测障碍物的技术特点</td></tr>
<tr><td>项目</td><td colspan="2">步骤</td><td colspan="3">操作记录</td></tr>
<tr><td rowspan="5">1. 环境感知传感器类型</td><td>1</td><td>识别实训车辆的超声波雷达类型</td><td colspan="3"></td></tr>
<tr><td>2</td><td>识别实训车辆的毫米波雷达类型</td><td colspan="3"></td></tr>
<tr><td>3</td><td>识别实训车辆的激光雷达类型</td><td colspan="3"></td></tr>
<tr><td>4</td><td>识别实训车辆的视觉摄像头类型</td><td colspan="3"></td></tr>
<tr><td>5</td><td>识别实训车辆的组合导航类型</td><td colspan="3"></td></tr>
<tr><td rowspan="5">2. 安装位置及作用</td><td>1</td><td>超声波雷达安装位置及作用认知</td><td colspan="3"></td></tr>
<tr><td>2</td><td>毫米波雷达安装位置及作用认知</td><td colspan="3"></td></tr>
<tr><td>3</td><td>激光雷达安装位置及作用认知</td><td colspan="3"></td></tr>
<tr><td>4</td><td>视觉摄像头安装位置及作用认知</td><td colspan="3"></td></tr>
<tr><td>5</td><td>组合导航安装位置及作用认知</td><td colspan="3"></td></tr>
<tr><td>3. 绘制布置图</td><td colspan="5">请画出各传感器在车上的布置情况图</td></tr>
</table>

续上表

小组互评 第___组	组员学号					
	组员姓名					
	互评分					
教师考核						

思考与练习

一、选择题

1. GPS 的组成包括(　　)。

A. 空间卫星部分　　B. 地面监控部分　　C. 用户接收部分　　D. 遥测部分

2. 使用 GPS 时,至少通过(　　)颗卫星可以实现定位功能。

A. 2　　B. 3　　C. 4　　D. 5

3. GPS 的地面监控部分由(　　)组成。

A. 主控站　　B. 地面天线　　C. 监测站　　D. 通信辅助系统

4. GPS 所用卫星均匀分布在________个轨道平面,每个轨道平面包含________颗卫星。(　　)

A. 3、7　　B. 4、5　　C. 5、4　　D. 6、4

5. (　　)不适合作为车辆盲区检测时的传感器。

A. 环视摄像头　　B. 长距离雷达　　C. 中距离雷达　　D. 短距离雷达

二、判断题

1. GPS 的空间星座部分包含了 21 颗卫星。(　　)

2. GPS 不仅能实现导航定位,而且能实现授时功能。(　　)

3. 在智能网联汽车中,通常使用 24GHz 毫米波雷达进行远距离的障碍物检测。(　　)

三、简答题

1. 简述 GPS 的组成以及工作原理。

2. 视觉传感器的主要功能是什么?

3. 北斗卫星导航系统的组成及原理是什么?

4. 简述超声波雷达的应用场景。

模块二 超声波雷达的原理、安装与标定

学习目标

▶ 知识目标

1. 了解超声波雷达工作原理。
2. 掌握超声波雷达特点、参数。

▶ 技能目标

1. 掌握超声波雷达的调试技能。
2. 掌握超声波雷达探测障碍物的技术特点。

建议课时

8 课时

一 超声波雷达的特点

超声波雷达在汽车上的应用如图 2-1 所示。超声波雷达外形如图 2-2 所示，其在应用中具有如下特点：

（1）汽车上用的超声波雷达，频率为 40kHz，相对固定。

（2）超声波的传播速度低，并且指向性强，灵敏度高，能量消耗缓慢。一般测量距离小于 10m。

（3）超声波对色彩、光照度不敏感，适用于识别透明、半透明及漫反射差的物体。

（4）超声波抗环境干扰能力强，可全天候工作，可在室内、黑暗、有灰尘或烟雾、电磁干扰强、有毒等恶劣环境中使用。

（5）超声波雷达结构简单，体积小，成本低，信息处理简单可靠，易于小型化与集成化，并且可以进行实时控制。

（6）超声波雷达适用于汽车低速行驶时，因为在不同的天气情况下，超声波的传输速度不同，当汽车高速行驶时，超声波测距无法跟上车距的实时变化，误差较大。

(7)超声波有一定的扩散角,只能测量距离,不能测量方位,因此停车时必须在汽车前、后保险杠不同方位上安装多个超声波雷达。

(8)对于低矮、圆锥、过细的障碍物或者沟坎,超声波雷达不容易探测到。

(9)超声波的发射信号和余振的信号都会对回波信号造成覆盖或者干扰,形成探测盲区,可安装摄像头解决盲区问题。

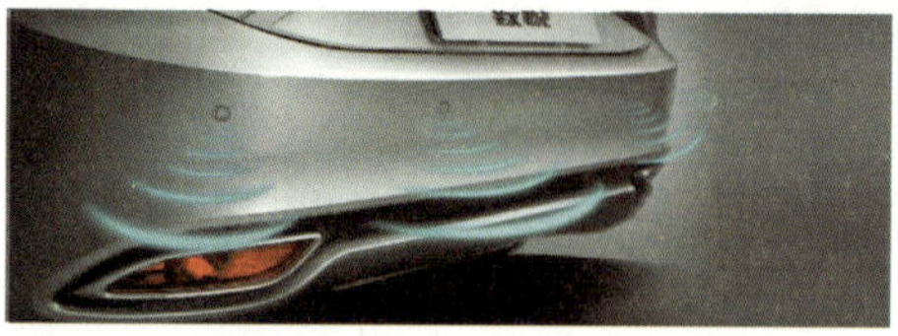

图 2-1　超声波雷达在汽车上的应用

图 2-2　超声波雷达外形

二　超声波雷达的结构

超声波雷达的主要材料是一种具有压电效应、能够实现电能与机械能相互转换的晶体材料——压电晶片。超声波雷达有一个发射头,一个接收头,通过超声波发射头发出超声波脉冲,经介质(空气)传到障碍物表面,被障碍物反射后再通过介质(空气)传回到接收头,计算出超声波脉冲从发射到接收往返的时间,根据介质中的声速,就可以得到从探头到障碍物表面的距离。超声波雷达典型结构如图 2-3、图 2-4 所示。

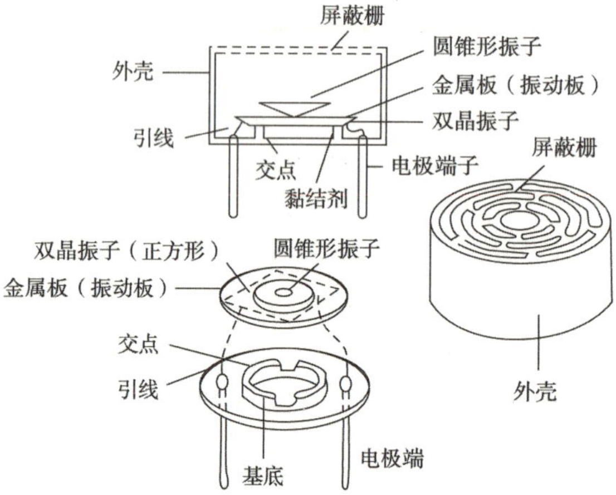

图 2-3　超声波雷达典型结构

图 2-4　超声波雷达结构图

三　超声波雷达测距原理

1. 超声波雷达定义

超声波雷达是一款极其常见的传感器。如果觉得超声波雷达有些陌生,那么它还有一个更通俗的名字——倒车雷达。它是汽车驻车或者倒车时的安全辅助装置,能以声音或者更为直观的显示器告知驾驶员周围障碍物的情况,消除了驾驶员驻车、倒车和起动车辆时前后左右探视所引起的不便，并帮助驾驶员解决了视野盲区和视线模糊的问题（图 2-5 所示为停车辅助，图 2-6 所示为博视宝数码倒车雷达）。

图 2-5　停车辅助

图 2-6　博视宝数码倒车雷达

2. 工作原理

超声波雷达的工作原理是通过超声波发射装置向外发出超声波，通过接收器接收到发送过来超声波时的时间差来测算距离，如图 2-7 所示。目前，常用探头的工作频率有 40kHz、48kHz 和 58kHz 三种。一般来说，频率越高，灵敏度越高，但水平与垂直方向的探测角度就越小，故一般采用 40kHz 工作频率的探头。超声波雷达防水、防尘，即使有少量的泥沙遮挡也不影响，探测范围在 0.1 ~ 3m 之间，且精度较高，因此非常适用于停车。

工作时，超声波发射器不断发射出一系列连续脉冲，给测量逻辑电路提供一个短脉冲。由信号处理装置对接收的信号依据时间差进行处理，自动计算出车与障碍物之间的距离。超声波测距原理简单，成本低，制作方便，但其传输速度受天气影响较大；另外，超声波能量与距离的平方成正比衰减，因此，距离越远，灵敏度越低，从而使超声波测距方式只适用于较短距离。目前，国内外一般的超声波测距仪，其理想的测量距离为 4 ~ 5m，因此大多用于汽车倒车雷达等近距离测距中。

如图 2-8 所示，该倒车雷达系统采用单片机控制，利用超声波实现无接触测距，并考虑测量环境温度对超声波波速的影响，而且通过温度补偿法对速度进行校正。使用由集成数字传感器 DS18B20 构成的温度测量电路，可直接读取温度值，再根据温度补偿得出超声波在某一温度下的波速，由单片机计数脉冲个数获得传播时间，根据超声波测距原理测得并显示距离，再根据显示的距离控制蜂鸣器的发声频率。

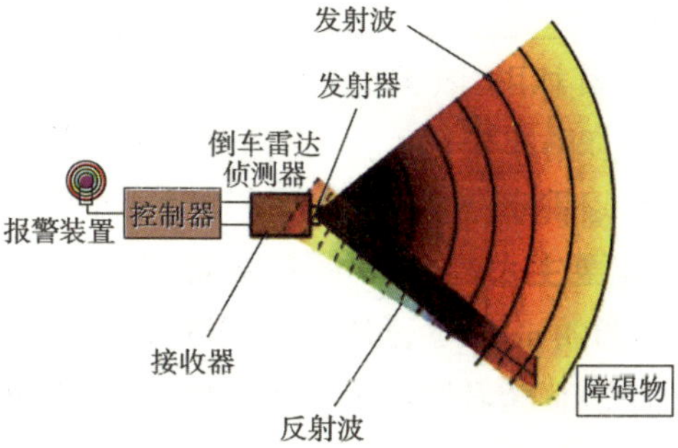

图 2-7　倒车雷达系统原理

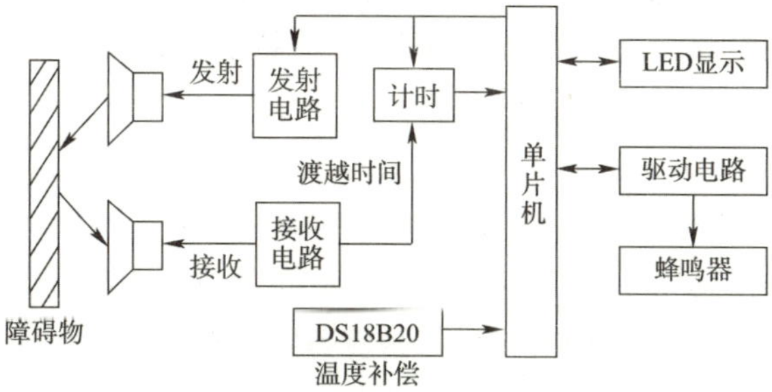

图 2-8　整体设计框图

如图 2-9 所示，超声波雷达在空气中工作，设探头到障碍物表面的距离为 L，超声波在空气中的传播速度为 v（约为 340m/s），超声波从发出到接收所需的传播时间为 t，当发射头和接收头之间的距离远小于探头到障碍物之间的距离时，则超声波雷达至障碍物表面之间的距离 $L = vt/2$。

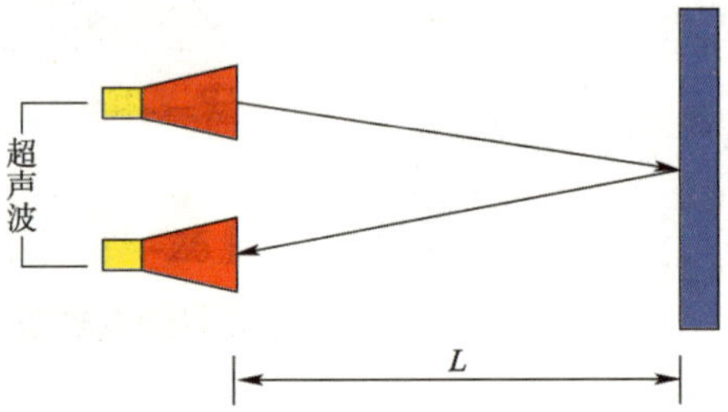

图 2-9　超声波雷达测距原理

四　超声波雷达的主要参数

1. 测量范围

超声波雷达的波长越长，频率越小，检测距离越远。

2. 测量精度

被测物体体积过小、表面形状凹凸不平、物体材料吸收声波等情况都会降低超声雷达测量精度。

3. 波束角

以超声波雷达中轴线的延长线为轴线，到一侧能量强度减小一半处的角度称为波束角。波束角越小，超声波雷达指向性越好。

4. 工作频率

一般选择 40kHz 工作频率，这样传感器方向性灵敏，且避开了噪声，提高了信噪比。

5. 抗干扰性能

环境中的噪声会干扰超声波雷达接收物体反射回来的超声波，超声波雷达应具有一定的抗干扰性能。

五　超声波雷达安装标定

（一）超声波雷达的安装

超声波雷达安装在汽车前、后保险杠上，一般前部安装 4 个超声波雷达，后部安装 4 ~ 6 个超声波雷达。UPA 和 APA 的探测范围和探测区域如图 2-10 所示，图中的汽车配备了前后方向各 4 个 UPA，左右两侧各 2 个 APA。APA 的探测距离优势让它不仅能够检测左右侧的障碍物，而且还能根据超声波雷达返回的数据判断停车位是否存在，因此，可用于自动停车时的停车位检测。

(二)超声波雷达的安装调试

超声波雷达的具体安装步骤如下。

1. 接通超声波考核系统实验箱电源

(1)通过连接考核系统配套的12V直流电源适配器对考核系统主机进行供电,如图2-11所示为超声波考核系统实验箱。

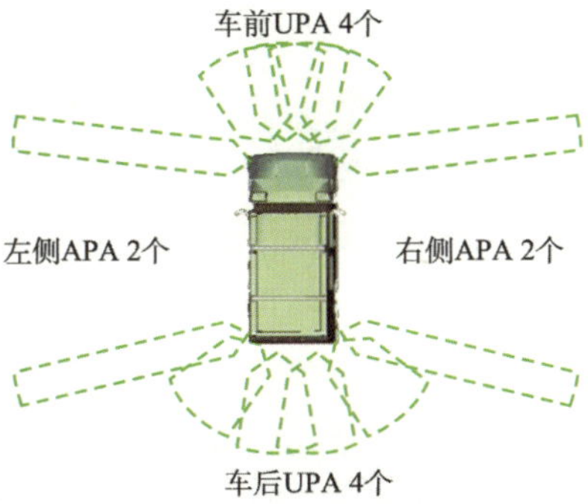

图2-10 超声波传感器应用

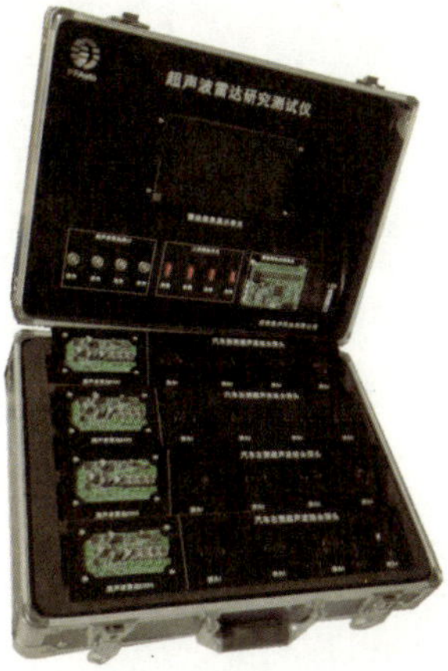

图2-11 超声波考核系统实验箱

(2)连接好电源适配器上的交流220V延长线(图2-12右侧的电源延长线)。电源适配器如图2-12所示(不同时期可能会有不同的适配器)。

(3)将电源适配器一端通过220V电源线插到交流插座上,另外一端的圆形端子插接到考核系统主机右侧的12V圆形黑色电源插孔,如图2-13所示。

图2-12 电源适配器

图2-13 12V电源接口

2. 连接总线通信工具并进行设置

连接总线通信工具(PFAutoCANTest),并打开计算机配套软件进行相应连接设置。

(1)将PFAutoCANTest总线工具和配套的线缆进行连接,注意DB9插头的插入方向,连接好后,如图2-14所示。

(2)将 PFAutoCANTest 总线工具的 CAN 总线延长线接入考核系统主机上侧面板的右下方 CAN 接口(航空插座;注意接口方向,方向不正确将不能接入;接入时插头的凹槽对应于插座的凸起),连接情况如图 2-15 所示。

(3)将 USB 延长线与计算机 USB 接口进行连接,如果计算机端 USB 驱动安装正确,则 PFAutoCANTest 总线工具上“SYS”指示灯将会由红色变成绿色;若 USB 驱动安装不正确,则一直显示红色。连接成功后的指示灯如图 2-16 所示。

图 2-14　已经连接好 DB9 接口的 PFAutoCANTest 总线工具

图 2-15　已经与 PFAutoCANTest 总线工具连接好的考核系统 CAN 接口

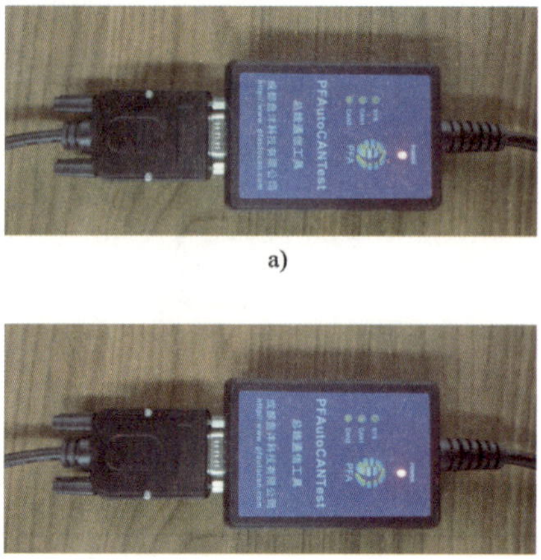

a)

b)

图 2-16　总线工具指示灯

(4)双击“PFAutoCANTest”软件图标如图 2-17 所示,打开“PFAutoCANTest”软件(该软件为绿色免安装软件,可以直接打开),打开软件后的界面如图 2-18 所示。

图 2-17　软件图标

图 2-18　软件界面

(5)点击软件最上面的“打开设备”菜单,并选择“PFAutoCAN-2”→“Dev0”,如图 2-19 所示。

(6)点击“Dev0”后,软件界面如图 2-20 所示。

备注:部分显示器因分辨率、操作系统原因,软件界面下方的“控制面板”窗口可能会出现显示不全的现象,此时可以拖动该窗口上方与数据窗口的边界,进行窗口大小调整。

(7)在图 2-20 所示的软件界面中,“PFAutoCAN-2 Dev 0-0”是 PFAutoCANTest 总线工具的高速 CAN 总线通道“数据窗口”,CAN 总线物理层为高速总线物理层(通信波特率为 500k);“PFAutoCAN-2 Dev 0-1”是 PFAutoCANTest 总线工具的低速 CAN 总线通道“数据窗口”,CAN 总线物理层为低速总线物理层(通信波特率为 100k)。

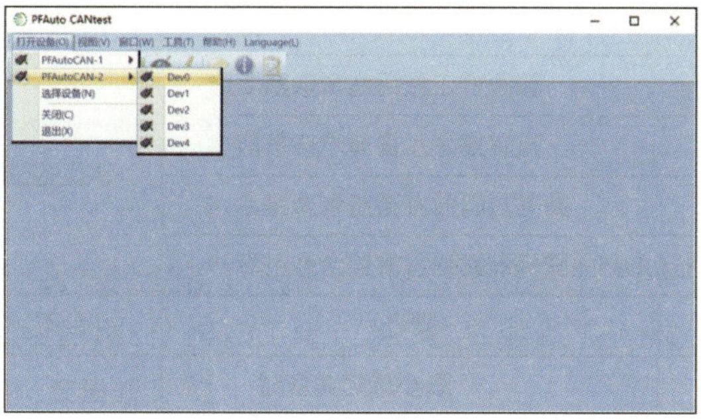

图 2-19 PFAutoCANTest 总线工具选择

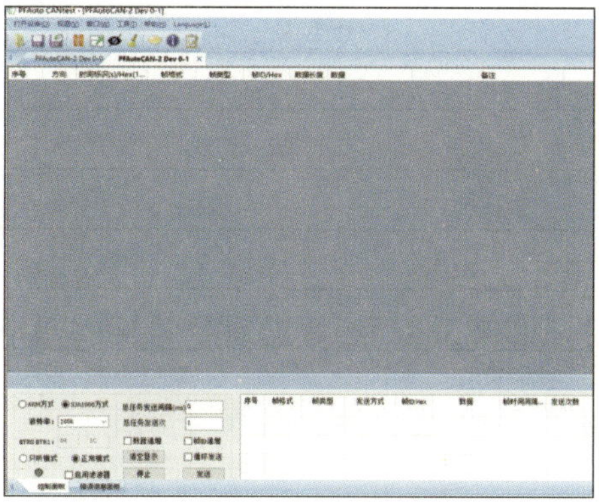

图 2-20 选择“硬件”后的界面

(8)在点击“波特率”设置选项(图 2-21 箭头 2 所示),设置波特率(图 2-21 箭头 2 所示),然后点击“打开”按键(图 2-21 箭头 3 所示),如果此时考核系统主机处于上电且正常状态,并且 PFAutoCANTest 总线工具的 USB 驱动正常,则可能出现图 2-21 所示带有 CAN 总线通信数据的界面。

备注:部分显示器因分辨率、操作系统原因,软件界面上方的“数据窗口”内的数据可能会出现显示不全的现象,此时可以拖动该窗口上方各个数据内容之间的边界,进行窗口大小调整。

(9)点击软件界面上方的“合并相同 ID”按键(图 2-22 箭头所示),将出现图 2-22 所示显示内容,此时软件将会把相同的 ID 显示在同一个位置。

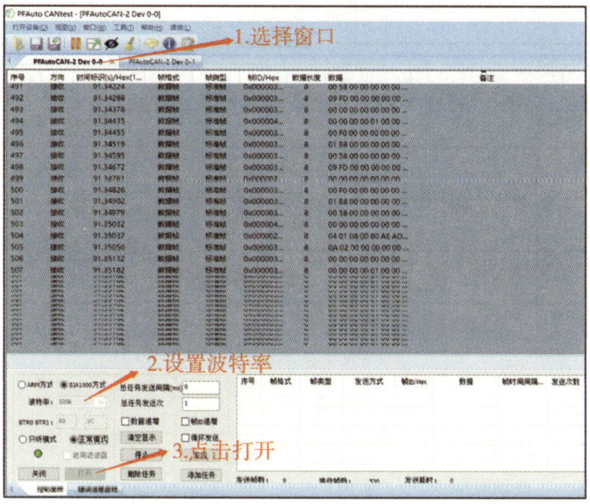

图 2-21 CAN 总线通信数据界面

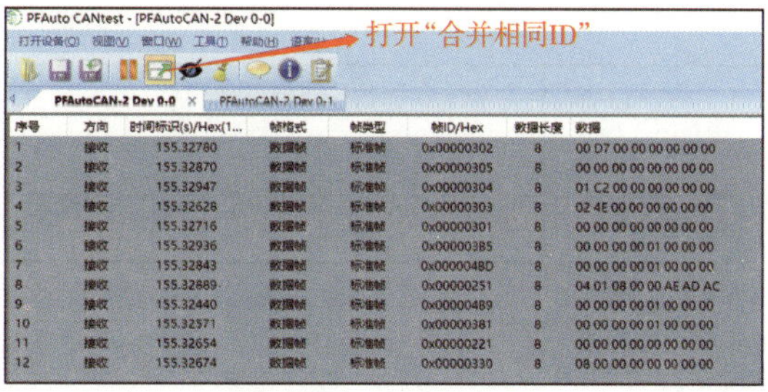

图 2-22 合并相同 ID 后的数据窗口

软件界面报文显示窗口的内容含义见表 2-1。

报文显示窗口内容含义　　表 2-1

序号	内　容	含　义
1	序号	根据收到报文的顺序进行编号;合并相同 ID 后则是相同 ID 报文的第一个报文的先后顺序排序
2	方向	指 CAN 报文的传输方向;“接收”表示是计算机从 PFAutoCANTest 总线工具收到的连接到该工具的 CAN 网络报文;“发送”则表示 PFAutoCANTest 工具所配套的软件在计算机端发送的 CAN 报文
3	时间标识	指从点击软件的“运行”按钮开始,收到的 CAN 报文的时间,单位为“10s”
4	帧格式	指的是 CAN 报文的帧格式,内容有数据帧(数据域)、远程帧(不带数据域)
5	帧类型	指的是 CAN 报文的帧类型,内容有标准帧(CAN2.0A)、扩展帧(CAN2.0B)
6	帧 ID	CAN 报文优先级(ID);当报文 ID 后有“x”标示时,则表示该报文为 29 位标识符的扩展帧(CAN2.0B 协议)
7	数据长度	CAN 报文的数据域长度,范围为 0 ~ 8,单位为字节
8	数据	指 CAN 报文的数据内容,最多 8 个字节
9	备注	可以在单次运行中对报文 ID 进行备注,比如将 0x181 报文 ID 备注为“左前车门控制模块闭锁器控制报文”等

3. 观察数据

(1)打开实验箱上的“倒车灯”按钮,在探头测试范围内的任意距离设置一个障碍物(障碍物距离不超过 2.5m),在“帧 ID/Hex”列表中找到“0x00000251”,观察其后面的数据“04 01 08 00 00 AE AD AC”,并截图记录下来,如图 2-23 所示。

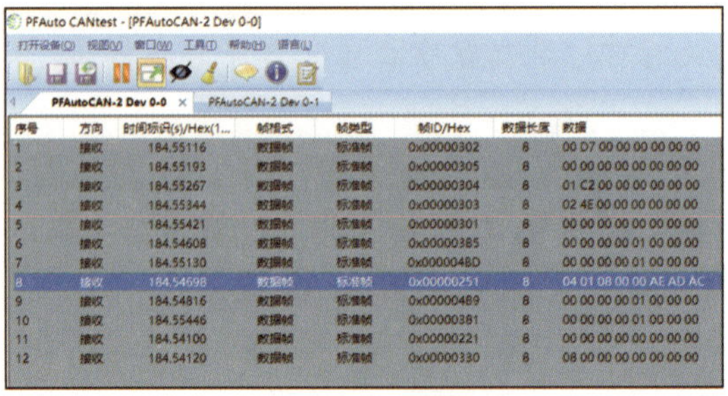

图 2-23　探测数据查看

(2)关闭倒车灯开关按钮,如图 2-24 所示。点击控制面板中的“关闭”选项,如图 2-25 所示。根据报文信号明细表,了解记录的数据含义。

图 2-24　倒车灯开关

图 2-25　控制面板“关闭”选项

报文信号明细见表 2-2。

报文信号明细表 表 2-2

序号	信　号	报文内布局	位宽	值　表
1	倒车雷达探头序号	Bit0 ~ 7	8	1、2、3、4 对应 1、2、3、4 雷达探头
2	障碍物距离(m)	Bit18 ~ 15	8	0 ~ 3 对应 0 ~ 3m
3	障碍物距离(dm)	Bit16 ~ 23	8	0 ~ 9 对应 0 ~ 9dm
4	障碍物距离(cm)	Bit24 ~ 31	8	0 或 5 对应 0 或 5cm

注:发送周期为 500ms。
发送条件为上电即开始发送,无倒车开关信号时,发送的数据全部为 0。

以数据“04 01 08 00 00 AE AD AC”为例的数据解析见表 2-3。

数 据 解 析 表 2-3

前四位	04	01	08	00
含义	4 号探头	1m	8dm	0cm
后四位	00	AE	AD	AC
含义	1 号探头原始数据	2 号探头原始数据	3 号探头原始数据	4 号探头原始数据

(3)整体含义:障碍物距离 4 号探头为 1.80m。

当首位数字为 04,我们只计算 4 号探头的原始数据 AC,“AE、AD”均不计算。具体计算 AC 数据步骤如下。

①打开电脑自带计算器,在计算器选项中,选择“程序员”,如图 2-26、图 2-27 所示。

图 2-26　计算器位置

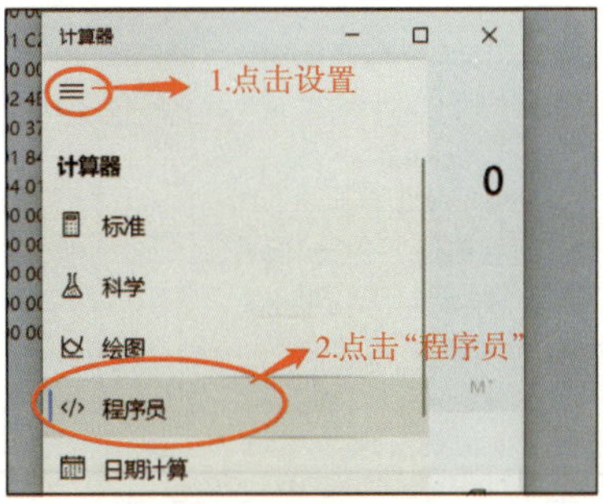

图 2-27　程序员选项

②在计算机界面选择“HEX”,如图 2-28 所示。然后选择所需要计算的数据 AC,如图 2-29 所示。在“DEC”右侧显示的数据即障碍物距离 4 号探头的距离(此处计算出的距离为 1.72m,与前面的数据 1.80m 相差 8cm,为正常范围内的误差值)。

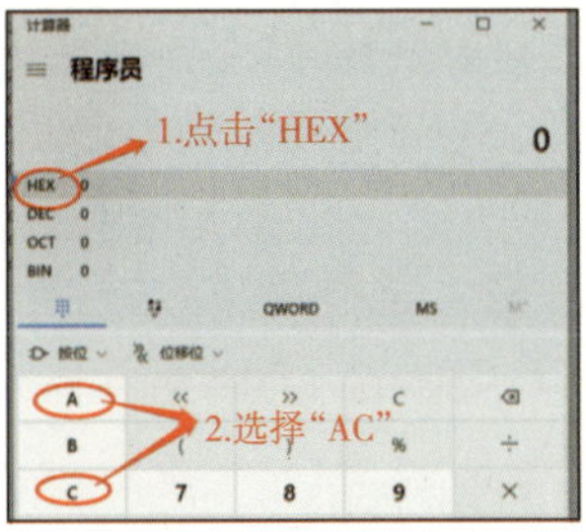

图 2-28　HEX 选项

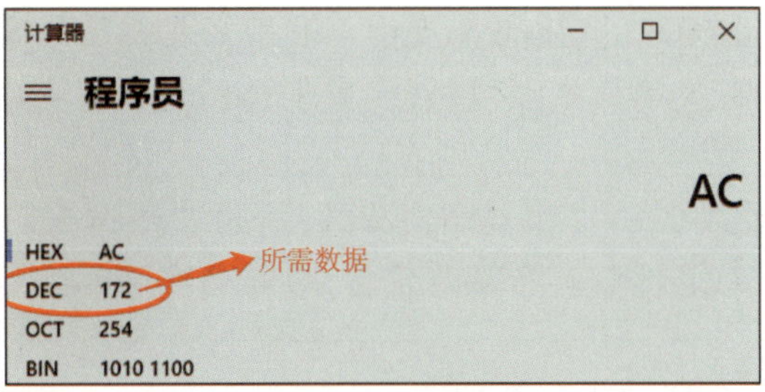

图 2-29　所需数据

4. 通过通信仪发送数据

发送控制倒车灯开关数据。

①在控制面板中，点击“添加任务”，如图 2-30 所示。

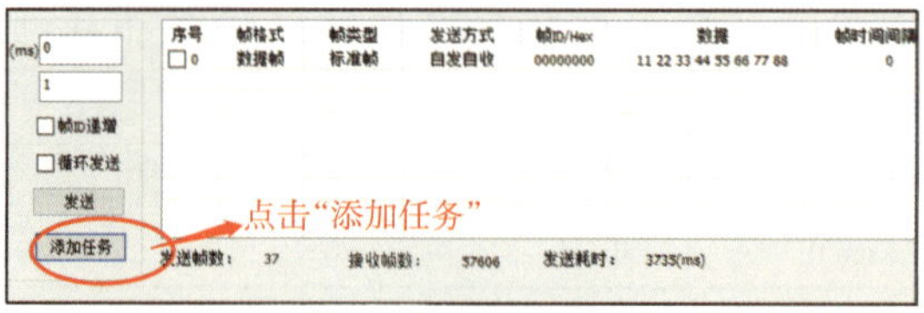

图 2-30 “添加任务”选项

在新增的任务栏中编辑相关数据，如图 2-31 所示。将“序号”勾选为“√”，编辑“帧格式”为“数据帧”，编辑“帧类型”为“标准帧”，编辑“发送方式”为“正常发送”，编辑“帧ID/Hex”为“00000305”（此处为控制倒车灯开关的帧 ID），编辑“数据”为“00 10 00 00 00 00 00 00”（此处注意字节之间需要有空格隔开），设置“帧时间间隔”为“100”，发送次数为“1000”。

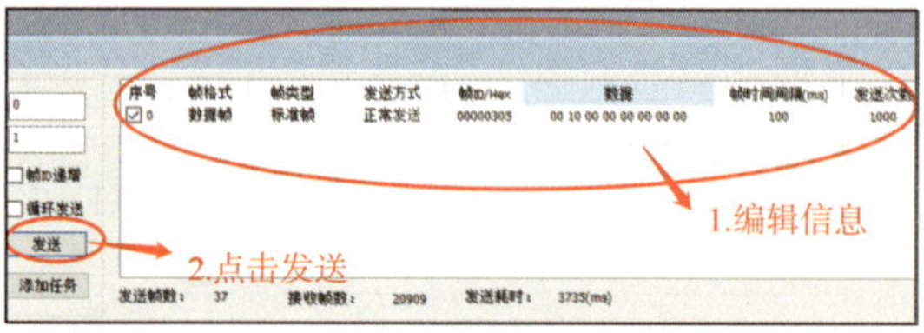

图 2-31 编辑信息

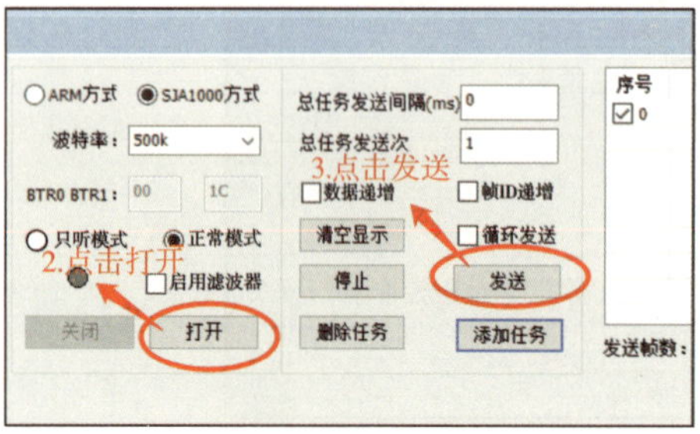

图 2-32 数据发送

②设置完成后，点击“打开”后再点击“发送”。此时，会发现实验箱倒车灯开关未打开，但语音系统却仍在提示探头与障碍物的距离，说明发送数据成功，如图 2-32 所示。

5. 根据观察现象计算相关数据

在探头测试范围的任意距离设置一个障碍物（障碍物距离不超过 2.5m），在“帧 ID/Hex”列表中找到“0x00000251”，记录其后面的数据，重复步骤 3，将观察到的数据进行计算和释义，填在表格 2-4 中。

USB 驱动数据记录表　　表 2-4

数据/信息	USB 驱动数据记录表			
观察帧 ID/Hex	例：00000305			
数据				
前四位字节	例：01			
含义				
后四位字节	例：AE			
含义				
整体含义			距离误差值	

技能实训

<table>
<tr><th colspan="6">实训项目　超声波雷达的安装调试</th></tr>
<tr><td>课程名称</td><td colspan="2"></td><td>日期</td><td></td><td>成绩</td><td></td></tr>
<tr><td>学生姓名</td><td colspan="2"></td><td>学号</td><td></td><td>班级</td><td></td></tr>
<tr><td>任务载体</td><td colspan="6">自动驾驶汽车开发平台</td></tr>
<tr><td rowspan="4">任务目标</td><td colspan="6">1. 掌握超声波雷达工作原理</td></tr>
<tr><td colspan="6">2. 熟悉超声波雷达参数特点</td></tr>
<tr><td colspan="6">3. 具备超声波雷达的调试技能</td></tr>
<tr><td colspan="6">4. 掌握超声波雷达探测障碍物的技术特点</td></tr>
<tr><td>项目</td><td colspan="2">步骤</td><td colspan="2">操作记录</td><td colspan="2">异常描述</td></tr>
<tr><td rowspan="2">1. 接通实验箱电源</td><td>1</td><td>连接好电源适配器上的交流220V延长线</td><td colspan="2"></td><td colspan="2"></td></tr>
<tr><td>2</td><td>电源适配器另外一端的圆形端子插接到考核系统主机右侧的“12V”圆形黑色电源插孔</td><td colspan="2"></td><td colspan="2"></td></tr>
<tr><td rowspan="7">2. 连接PF-AutoCANTest总线工具，同时打开计算机配套软件并进行相应连接设置</td><td>1</td><td>将PFAutoCANTest总线工具和配套的线缆进行连接</td><td colspan="2"></td><td colspan="2"></td></tr>
<tr><td>2</td><td>将PFAutoCANTest总线工具的CAN总线延长线接入考核系统主机上侧面板的右下方CAN接口</td><td colspan="2"></td><td colspan="2"></td></tr>
<tr><td>3</td><td>将USB延长线与计算机USB接口进行连接</td><td colspan="2"></td><td colspan="2"></td></tr>
<tr><td>4</td><td>双击“PFAutoCANTest”软件图标，打开“PFAutoCANTest”软件</td><td colspan="2"></td><td colspan="2"></td></tr>
<tr><td>5</td><td>点击软件最上面的“打开设备”菜单，并选择“PFAutoCAN-2”→“Dev0”</td><td colspan="2"></td><td colspan="2"></td></tr>
<tr><td>6</td><td>在点击“波特率”设置选项（箭头所示），设置波特率</td><td colspan="2"></td><td colspan="2"></td></tr>
<tr><td>7</td><td>合并相同ID</td><td colspan="2"></td><td colspan="2"></td></tr>
<tr><td rowspan="6">3. 观察和记录数据</td><td colspan="2">数据/信息</td><td colspan="4"></td></tr>
<tr><td colspan="2">观察帧ID/Hex</td><td colspan="4"></td></tr>
<tr><td colspan="2">数据</td><td colspan="4"></td></tr>
<tr><td colspan="2">前四位字节</td><td></td><td></td><td colspan="2"></td></tr>
<tr><td colspan="2">含义</td><td></td><td></td><td colspan="2"></td></tr>
<tr><td colspan="2">后四位字节</td><td></td><td></td><td colspan="2"></td></tr>
</table>

续上表

<table>
<tr><td>项目</td><td colspan="2">步骤</td><td colspan="2">操作记录</td><td colspan="2">异常描述</td></tr>
<tr><td rowspan="2">3. 观察和记录数据</td><td>含义</td><td></td><td></td><td></td><td colspan="2"></td></tr>
<tr><td>整体含义</td><td colspan="2"></td><td>距离误差值</td><td colspan="2"></td></tr>
<tr><td rowspan="3">小组互评
第____组</td><td>组员学号</td><td></td><td></td><td></td><td></td><td></td></tr>
<tr><td>组员姓名</td><td></td><td></td><td></td><td></td><td></td></tr>
<tr><td>互评分</td><td></td><td></td><td></td><td></td><td></td></tr>
<tr><td>教师考核</td><td colspan="6"></td></tr>
</table>

思考与练习

一、选择题

1. 车辆上所使用的超声波雷达，其工作频率为(　　)。

A. 30kHz　　B. 40kHz　　C. 48kHz　　D. 58kHz

2. 超声波传感器由(　　)组成。

A. 发送部分　　B. 接收部分　　C. 控制部分　　D. 电源部分

3. 超声波能够在(　　)中传播。

A. 固体　　B. 液体　　C. 气体　　D. 真空

二、判断题

1. 频率大于 10kHz 的声波为超声波。(　　)
2. 超声波传感器波长越长，频率越大，检测距离越远。(　　)
3. 超声波传感器的波束角越小，指向性越差。(　　)
4. 超声波传感器可在黑暗、灰尘、烟雾以及电磁干扰强等环境中使用。(　　)
5. 超声波传感器不能检测透明物体。(　　)

三、简答题

1. 超声波雷达的测距原理是什么？

2. 超声波雷达的数据含义如何解析？以数据“04 01 08 00 00 AE AD AC”为例进行解析。

3. 超声波雷达的特点是什么？

模块三 毫米波雷达的原理、安装与标定

学习目标

▶ 知识目标

1. 了解毫米波雷达工作原理。
2. 掌握毫米波雷达的特性、参数特点。

▶ 技能目标

1. 掌握毫米波雷达的安装和调试技能。
2. 掌握毫米波雷达探测障碍物的技术特点。

建议课时

8 课时

一 毫米波的特性

毫米波雷达通过发射和接收波长为 1 ~ 10mm 的电磁波来精准测量车辆与车辆之间的距离、角度和相对速度。毫米波雷达频率范围为 30 ~ 300GHz，高于射频，低于可见光和红外线。毫米波雷达体积小、质量轻和空间分辨率高，能够全天候、全天时工作，能同时识别多个小目标，可以穿透雾、烟、灰尘，广泛应用于自动驾驶汽车车间距离探测，但易受干扰。毫米波雷达实物如图 3-1、图 3-2 所示。

图 3-1　毫米波雷达(1)

图 3-2　毫米波雷达(2)

1. 毫米波雷达优点

(1)探测距离远。毫米波雷达探测距离远,最远可达250m。

(2)探测性能优异。毫米波波长较短,并且汽车在行驶中的前方目标一般都是金属构成,这会形成很强的电磁反射,其探测不受颜色与温度的影响。

(3)快速的响应速度。毫米波的传播速度与光速一样,并且其调制简单,配合高速信号处理系统,可以快速地测量出目标的角度、距离、速度等信息。

(4)对环境适应性强。毫米波具有很强的穿透能力,在雨、雪、大雾等恶劣天气依然可以正常工作,由于其天线属于微波天线,相比于光波天线,它在大雨及轻微上霜的情况下依然可以正常工作。

(5)抗干扰能力强。毫米波雷达一般工作在高频段,而周围的噪声和干扰处于中低频区,基本上不会影响毫米波雷达的正常运行,因此,毫米波雷达具有抗低频干扰特性。

2. 毫米波雷达最主要的缺点

(1)毫米波在空气中传播时会受到空气中氧分子和水蒸气的影响,这些气体的谐振会对毫米波频率产生选择性吸收和散射,大气传播衰减严重,因此,实际应用中,应找到毫米波在大气中传播时,由气体分子谐振吸收所致衰减为极小值的频率。

(2)毫米波雷达覆盖区域呈扇形,有盲点区域;无法识别道路标线、交通标志和交通信号灯。

二 毫米波雷达的工作原理

车载毫米波雷达通过天线向外发射毫米波,再接收目标反射信号,根据接收的时间差测得目标的位置数据和相对距离。经处理后快速准确地获取汽车车身周围的物理环境信息(如汽车与其他物体之间的相对距离、相对速度、角度、运动方向等),然后根据所探知的物体信息进行目标追踪和识别分类,进而结合车身动态信息进行数据融合,最终通过中央处理单元(ECU)进行智能处理。经合理决策后,以声、光及触觉等多种方式告知或警告驾驶员,或及时对汽车做出主动干预,从而保证驾驶过程的安全性和舒适性,减少事故发生概率。毫米波雷达系统工作原理框图如图3-3所示。

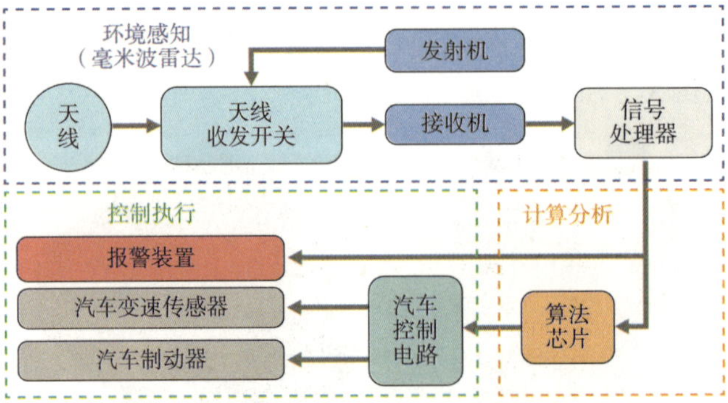

图3-3 毫米波雷达系统工作原理

资料来源:互联网资料整理、中国中投证券研究总部

车载毫米波雷达根据测量原理的不同，一般分为脉冲波方式和调频连续波方式两种。

（一）毫米波雷达脉冲波方式测量原理

多普勒效应，是指当声音、光和无线电波等振动源与观测者以相对速度 v 运动时，观测者所收到的振动频率与振动源所发出的频率不同的现象。当目标向雷达天线靠近时，反射信号频率将高于发射信号频率；反之，当目标远离天线时，反射信号频率将低于发射频率。

1. 多普勒测距原理

多普勒测距原理如图 3-4 所示。雷达的振荡器产生一个频率随时间逐渐增加的电磁波，这个电磁波遇到障碍物后会反射并被接收，障碍物越远，回波收到的时间就越晚，即时延 t_d 就越大。由于 $t_d = \frac{2R}{c}$，其中，R 是振荡器与障碍物的距离，c 是电磁波传播速度（在真空传播时等于光速）。通过时延 t_d 就可以计算出雷达与障碍物的距离 R。

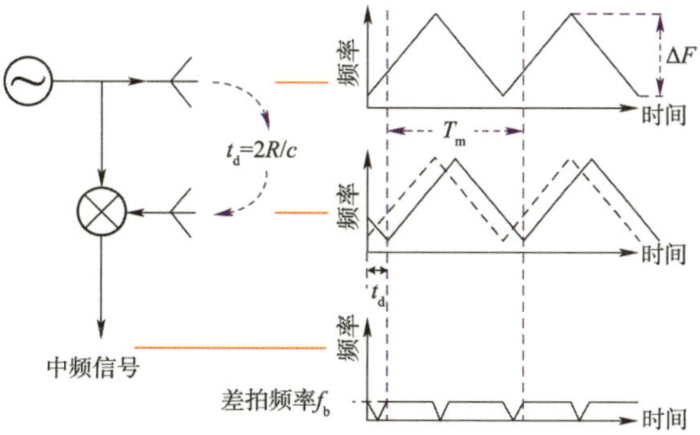

图 3-4 多普勒测距原理

雷达分辨率是指雷达可以区分的两个物体的最近的距离，用光速/（雷达带宽 ×2）来计算。

2. 多普勒测速原理

多普勒频移原理：多普勒效应所造成的频率变化称为多普勒频移 f_b，它与相对速度 v 成正比，与振动的频率成反比，通过检测这个频率差 f_b，可以测得目标相对于雷达的移动速度。

假设毫米波雷达发射连续电磁波信号：

$$s(t) = A\cos(\omega_0 t + \varphi_0) \tag{3-1}$$

式中：ω_0——初相；

A——振幅。

雷达接收到由目标反射的回波信号：

$$s_r(t) = ks(t - t_r) = kA\cos[\omega_0(t - t_r) + \varphi_0] \tag{3-2}$$

式中：t_r——回波滞后于发射信号的时间（$t_r = 2R/c$），其中 R 为目标和毫米波雷达之间的距离，c 为电磁波传播速度，在真空传播时它等于光速；

k——回波的衰减系数。

如果车辆前方目标相对静止（即相对速度为零），则目标与雷达的距离 R 为常数。此时，回波与发射信号之间有固定相位差：

$$\omega_0 t_r = 2\pi f_0 \cdot \frac{2R}{c} = \left(\frac{2\pi}{\lambda}\right)2R \tag{3-3}$$

它是电磁波往返于雷达与目标之间所产生的相位滞后。当目标与毫米波雷达之间有相对运动时，两者之间的距离 R 与时间成正比。

设目标相对毫米波雷达运动的速度为一定值 v_r，在 t 时刻，目标与毫米波雷达之间的距离

$$R(t) = R - v_r t \tag{3-4}$$

式中：$R(t)$——目标与毫米波雷达在零点时刻的距离。

由式(3-2)可知，在 t 时刻接收到的波形 $s_r(t)$ 上的某点，对应于 $(t - t_r)$ 时刻发射的波形上某点。

在实际的工作状态中，毫米波雷达和目标间为相对运动速度 v_r 远小于光速，所以时延 t_r 可近似表示为：

$$t_r = \frac{2R(t)}{c} = \frac{2}{c}(R_0 - v_r t) \tag{3-5}$$

与发射信号相比，两者之间的相位差为：

$$\varphi = -\omega_0 t_r = -2\pi \frac{2}{\lambda}(R_0 - v_r t) \tag{3-6}$$

相位差随时间线性变化，如果 v_r 为常数，则频率差可以表示为：

$$f_b = \frac{1}{2\pi}\frac{d\varphi}{dt} = \frac{2}{\lambda} v_r \tag{3-7}$$

式中：f_b——多普勒频移。

f_b 与目标和毫米波雷达之间的相对运动速度成正比例关系，与毫米波雷达的工作波长 λ 成反比例关系。当目标靠近毫米波雷达时，f_b 大于 0，表明接收信号频率要大于发射信号频率；而当目标背离毫米波雷达运动时，f_b 小于 0，表明接收信号频率要小于发射信号频率。通过数字信号处理器，运用傅里叶变换可求得 f_b，从而可以求得毫米波雷达与目标之间的相对速度和相对距离。

3. 多普勒测角度原理

毫米波雷达测量障碍物的角度是通过处理多个接收天线收到的信号时延来实现的。多普勒测角度原理如图 3-5 所示，振荡器 TX 发出的发射波频率为 f_o，遇到"目标"返回，回波频移为 f_b 并分别被两个接收线 RX1、RX2 收到。由于回波的路径不同，RX1、RX2 的回波信号有时间差，根据时间差可计算出角度。

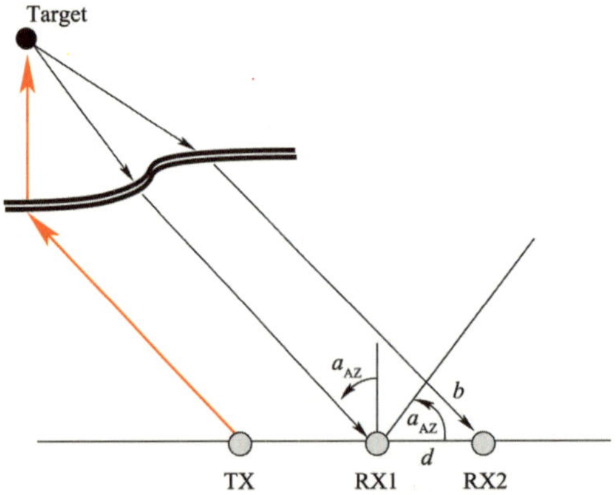

图 3-5 毫米波雷达测量目标方位角

采用脉冲方式的毫米波雷达需在很短的时间(一般都是微秒的数量级)内发射大功率的信

号脉冲,通过脉冲信号控制雷达发射装置发射出高频信号,因此,在硬件结构上比较复杂,成本高。脉冲方式测量原理简单,但由于受技术、元器件等方面的影响,实际应用中很难实现。

除此之外,在高速公路上行驶的车辆,其回波信号难免会受到周围树木、建筑物的影响,使回波信号衰减,从而降低接收系统的灵敏度。

如果毫米波雷达收发信号采用的是同一个天线,在对回波信号放大处理之前,应将发射信号与回波信号进行严格隔离,否则,由于发射信号窜入,会导致回波信号放大器饱和或者损坏。为了避免发射信号窜入接收信号,需进行隔离技术处理,一般有两种方式避免发射信号的窜入:①采用环形器;②使用收发采用不同的天线。这样就导致产品成本提高、硬件结构复杂。因此,在车用领域,脉冲波测量方式运用较少。

(二)毫米波雷达调频连续波方式测量原理

目前,大多数车载毫米波雷达都采用调频连续波方式,其测量原理如图 3-6 所示。

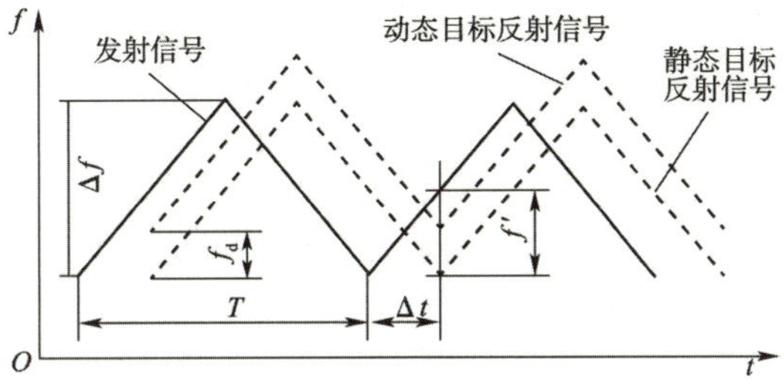

图 3-6 毫米波雷达测量原理

采用调频连续波方式的毫米波雷达结构简单,体积小,可以同时得到目标的相对距离和相对速度。它的基本原理是当发射的连续调频信号遇到前方目标时,会产生与发射信号有一定延时的回波,再通过雷达的混频器进行混频处理,而混频后的结果与目标的相对距离和相对速度有关。毫米波雷达测距和测速的计算公式为:

$$s=\frac{c\Delta t}{2}=\frac{ctf'}{4\Delta f} \tag{3-8}$$

$$u=\frac{cf_d}{2f_0} \tag{3-9}$$

式中:s——相对距离;

c——光速;

t——信号发射周期;

f'——发射信号与信号的频率差;

Δf——调频带宽;

f_d——多普勒频率;

f_0——发射信号的中心频率;

u——相对速度。

(三)77GHz 毫米波雷达

77GHz 毫米波相较于 24GHz 毫米波的波长更短,只有 3.9mm。频率越高,波长越短,分辨率、精准度就越高。因此,精度更高的77GHz毫米波雷达正努力成为汽车领域主流传感器。以自适应巡航控制(ACC)为例,当车速大于25 km/h时,ACC才会起作用,而当车速降低到25km/h以下时,就需要进行人工控制。当将所用雷达升级到77GHz毫米波雷达后,与24GHz毫米波雷达系统相比,识别率提高了3倍,速度和实测值、距离精度提高3~5倍,对前车距离的监测更为准确、快速,如图3-7所示。

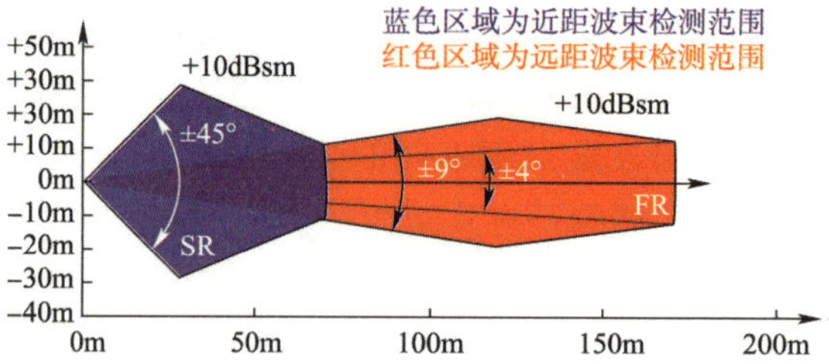

图3-7 77GHz毫米波雷达ARS404biao标准探测区域示意图

如图3-8a)所示,L3级自动驾驶样车车身周围布置了2枚长距毫米波雷达和4枚中距毫米波雷达,可实现车身360°环境感知范围覆盖。毫米波雷达系统整车布置方案及探测范围如图3-8所示。

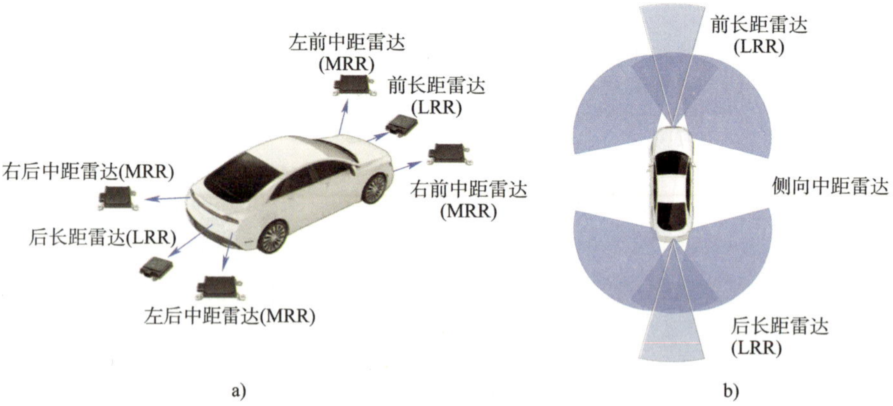

图3-8 毫米波雷达应用

毫米波雷达通过CAN信号与自动驾驶控制器进行交互(图3-9),将其感知结果输入下一级规划控制模块,其输出参数见表3-1、表3-2。

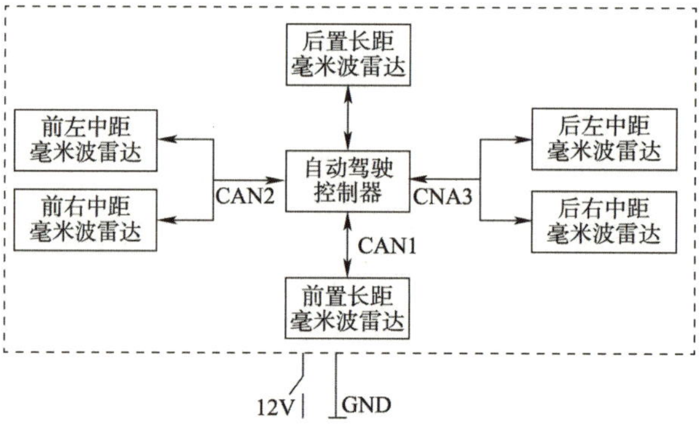

图3-9 毫米波雷达网络架构示意图

毫米波雷达输出参数表(1)　　表 3-1

序号	名称	长距离	中距离
1	帧率(ms)	50	
2	尺寸(mm)	130×90×39	
3	同时检测障碍物数量(个)	64	
4	探测范围(m)	1～174	1～60
5	检测相对速度(m/s)	－100～＋25	
6	探测角度(°)	±10	±45
7	距离探测精度(m)	±0.5	±0.25
8	相对速度探测精度(m/s)	±0.12	
9	角度探测精度(°)	±1	±0.5
10	多目标辨别距离(m)	2.5	1.3
11	多目标辨别相对速度(m/s)	0.25	
12	多目标辨别水平视角(°)	3.5	
13	实际目标跟踪	位置、速度	

毫米波雷达输出参数表(2)　　表 3-2

序号	名称	长距离	中距离
1	帧率(ms)	50	
2	同时检测障碍物数量(个)	64	
3	探测范围(m)	0.5～80	
4	检测相对速度(m/s)	－100～＋25	
5	探测角度(°)	±75	
6	距离精度(m)	≤2(5%)	
7	速度精度(m/s)	±0.5	
8	角度精度(°)	±1	
9	多目标辨别距离(水平)(m)	1.8	
10	多目标辨别距离(垂直)(m)	6	
11	多目标辨别相对速度(m/s)	0.5	
12	实际目标跟踪	位置、速度	

由表 3-1 和表 3-2 可知,相对其他传感器(如视觉传感器、激光雷达传感器),毫米波雷达具有速度精度较高、角分辨率相对较低等特点。由于中距雷达、长距雷达的短距模式角度覆盖范围相对更大,其角分辨率得以进一步下降。

目前,各大国的车载雷达主要集中在 24GHz、60GHz 和 77GHz 这 3 个频段。其中,24GHz 的波长是 1.25cm,60GHz 的波长是 5mm,77GHz 的波长则更短,只有 3.9mm。24GHz 很特别,它严格来讲不是毫米波,因为它的波长在 1cm 左右,但是它是最早被利用的(目前业界也依然将其称为毫米波)。现在各个国家把 24GHz 划出来可以民用,77GHz 划分给了汽车防撞雷达,24Ghz 也在汽车里最早得到应用。

三 毫米波雷达安装与标定

(一)毫米波雷达的安装

1. 安装位置与功能

毫米波雷达安装位置主要有车辆的前方、后方和侧方。具体如图3-10所示。

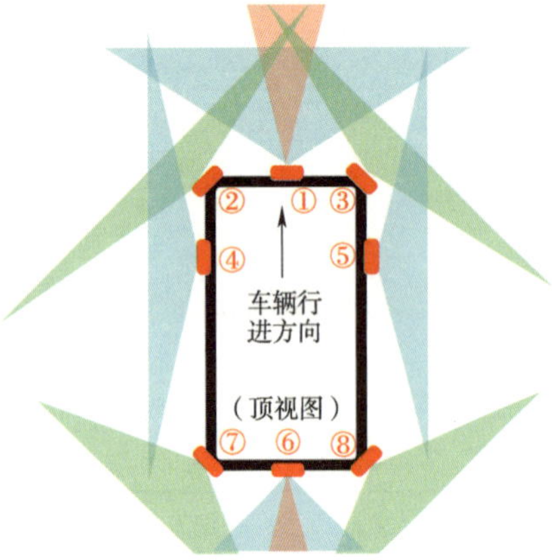

图3-10 毫米波雷达安装位置

①主要用于前向自动紧急制动系统(AEB);

②③主要用于十字交叉路口碰撞预警;

④⑤主要用于两侧纵向碰撞预警/盲区监测/会车过程监控;

⑥主要用于后向AEB;

⑦⑧主要用于侧后向盲区监控/并线辅助。

2. 毫米波雷达安装要求

正向毫米波雷达一般布置在车辆中轴线,外露或隐藏在保险杠内部。雷达波束的中心平面要求与路面基本平行,考虑雷达系统误差、结构安装误差、车辆载荷变化后,需保证与路面夹角的最大偏差不超过5°。

另外,在某些特殊情况下,正向毫米波雷达无法布置在车辆中轴线上时,允许正Y向最大偏置距离为300mm,偏置距离过大会影响雷达的有效探测范围。

侧向毫米波雷达在车辆四角呈左右对称布置,前侧向毫米波雷达与车辆行驶方向呈45°夹角,后侧向毫米波雷达与车辆行驶方向呈30°夹角,雷达波束的中心平面与路面基本平行,角度最大偏差仍需控制在5°以内。

毫米波雷达在Z方向探测角度一般只有±5°,雷达安装高度太高会导致下盲区增大,太低又会导致雷达波束射向地面,地面反射带来杂波干扰,影响雷达的判断。因此,毫米波雷达的布置高度(即地面到雷达模块中心点的距离),一般建议在500(满载状态)~800mm(空载状态)之间,如图3-11所示。

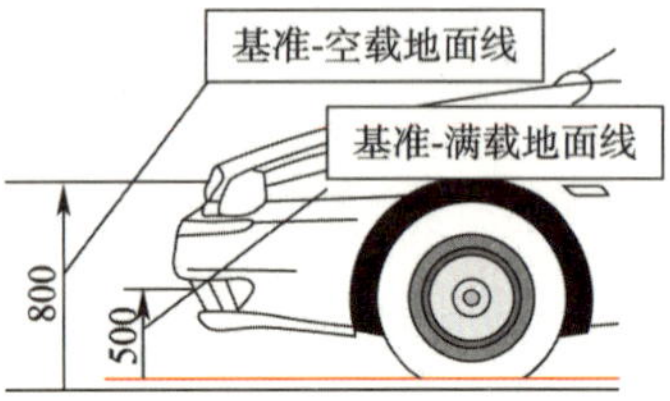

图3-11 毫米波雷达安装高度(尺寸单位:mm)

毫米波雷达的角度公差容许值如图3-12所示。

毫米波雷达在安装时,车辆应保持水平,避免倾斜,如图3-13所示,再使用角度尺等工具确保毫米波雷达的水平角、俯仰角、横摆角均应小于0.5°。

(1)毫米波雷达安装原则(外置安装):

①安装时尽量远离车身内的信号天线;

②安装时远离大的用电设备频繁启动的位置;

③天线面朝外(正方向),接插件口冲着驾驶员;

④毫米波雷达安装不支持热插拔,如果系统内部检测发现错误,可能会导致雷达功能不正常,甚至导致雷达重启;

⑤确保不会造成固定位置的变形,拧紧力矩不能超过7N·m;

⑥禁止在雷达天线面打胶。

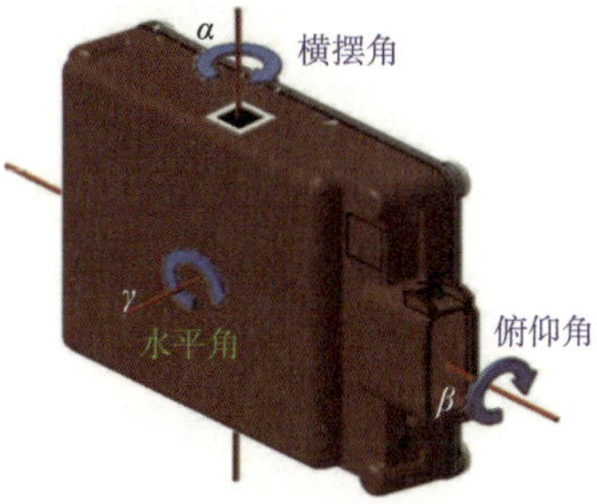

图 3-12　毫米波雷达安装角度

图 3-13　毫米波雷达在车辆的安装位置

(2)毫米波雷达安装原则(内置安装):

①第二发射面尺寸大于雷达发射角度;

②保险杠材料必须是电解质传导系数很小的材料,减小对雷达波束的扭曲和衰减,不能有金属或金属材料涂层;

③选择曲面光滑的区域,避开拐角或厚度变化的区域;

④保险杠厚度是毫米波雷达波长一半的整数倍。

(二)毫米波雷达调试

(1)给如图 3-14 所示的实验设备连接上电源。

(2)将实验设备的两个数据端口连接在一台具有"毫米波雷达轨迹"探测软件的电脑上,然后鼠标移到电脑左下方的"开始",右键点击,选择"设备管理器",如图 3-15 所示。

图 3-14　毫米波实验设备

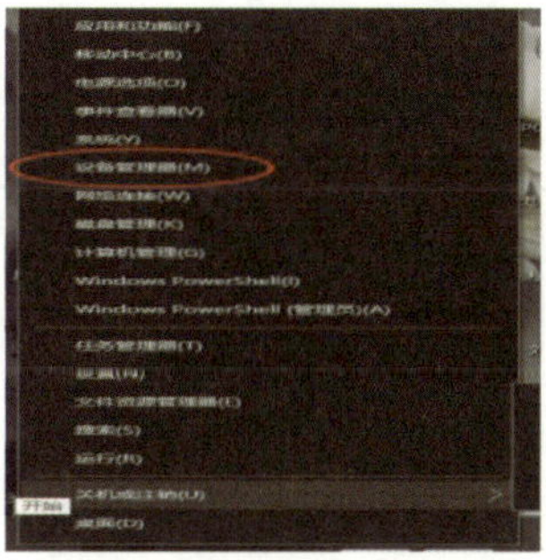

图 3-15　"设备管理器"界面

(3)进入"设备管理器"的操作栏后,找到"端口",将其点开查看两个端口的名称,如图 3-16 所示,然后就可以开始使用探测软件探测物体的运动轨迹。

(4)"毫米波雷达 轨迹"探测软件使用方法:

①进入文件,选择"peopleDetection",如图 3-17 所示。它是人体测量的意思。

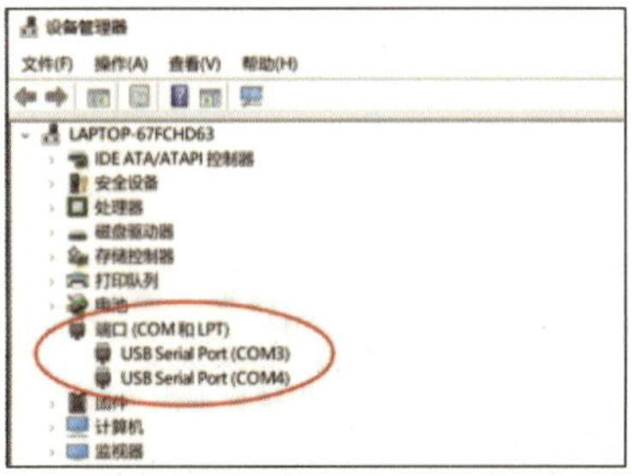

图 3-16　查看“端口”

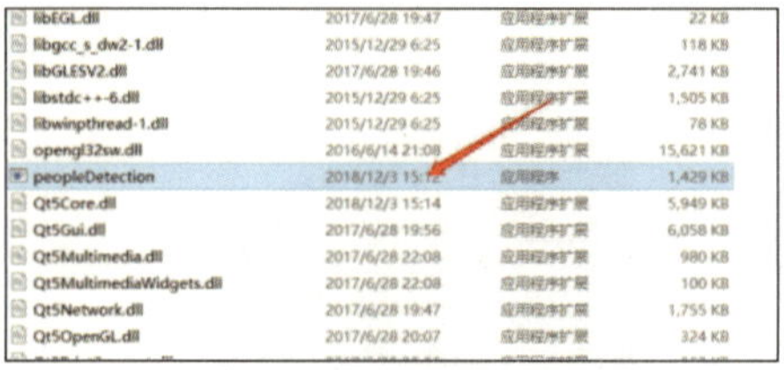

图 3-17　选择人体测量“peopleDetection”

②双击进去后，弹出如图 3-18 所示界面。

③人体测量界面左侧下方的数据需要进行修改：根据之前看到的端口名称进行“串口”选择，在这里将“配置串口”选择“COM3”，“数据串口”选择“COM4”，如图 3-19 所示。

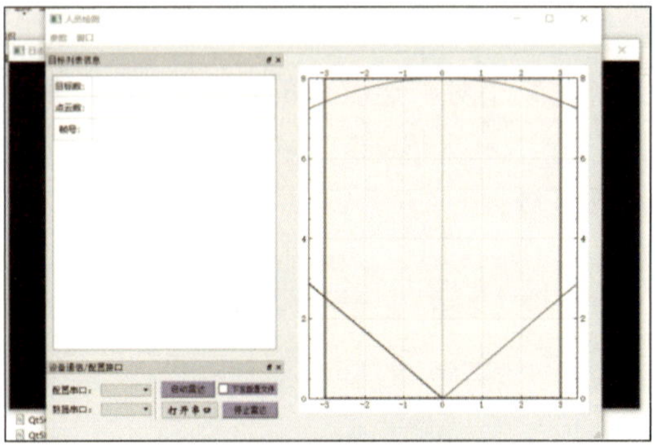

图 3-18　人体测量界面

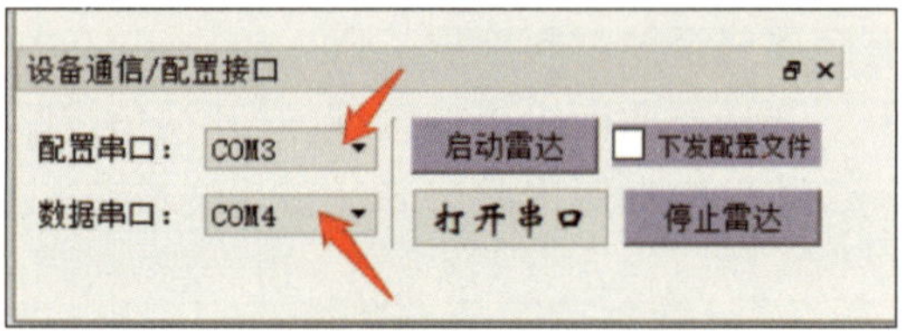

图 3-19　修改串口

④选择完后，点击旁边的“打开串口”，就可以开始观察人体轨迹了，如图 3-20 所示。观察该界面的右侧窗口，了解该窗口能观察到的数据。

该窗口显示的雷达探测地区是一个呈扇形的区域，窗口的横轴跟纵轴都是运动物体到雷达的距离，相当于一个定位坐标。从图 3-20 中可以知道，该雷达能探测到的最远距离是 8m。

从图 3-21 中可以看出该运动物体的运动轨迹，此时该运动物体有向雷达探测区域外运动的动作。该雷达会过滤掉静止的物体，只探测在运动的物体。在雷达与运动物体间存在静止的障碍物阻挡时，雷达依旧能探测到运动物体的运动轨迹。

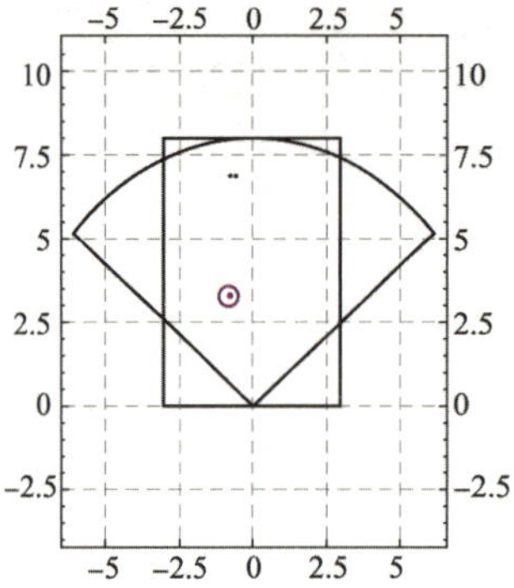

图 3-20　观察人体轨迹（单位：m）

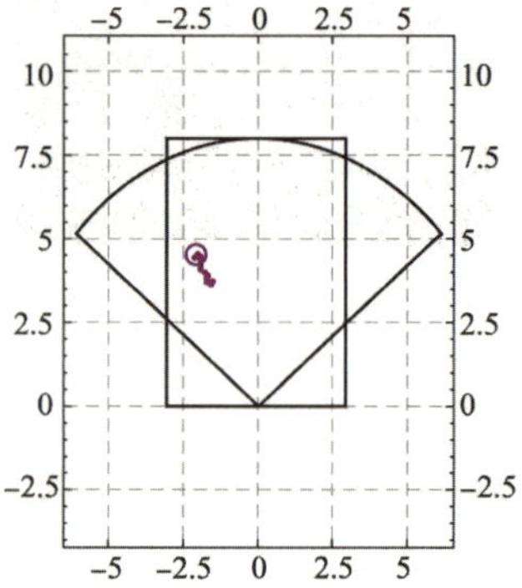

图 3-21　物体的运动轨迹（单位：m）

技能实训

<table>
<tr><th colspan="8">实训项目　毫米波雷达的安装调试</th></tr>
<tr><td>课程名称</td><td colspan="2"></td><td>日期</td><td></td><td>成绩</td><td colspan="2"></td></tr>
<tr><td>学生姓名</td><td colspan="2"></td><td>学号</td><td></td><td>班级</td><td colspan="2"></td></tr>
<tr><td>任务载体</td><td colspan="7">自动驾驶汽车开发平台</td></tr>
<tr><td rowspan="4">任务目标</td><td colspan="7">1. 了解毫米波雷达工作原理</td></tr>
<tr><td colspan="7">2. 熟悉毫米波雷达参数特点</td></tr>
<tr><td colspan="7">3. 掌握毫米波雷达的调试技能</td></tr>
<tr><td colspan="7">4. 掌握毫米波雷达探测障碍物的技术特点</td></tr>
<tr><td>项目</td><td colspan="2">步骤</td><td colspan="2">操作记录</td><td colspan="3">异常描述</td></tr>
<tr><td rowspan="2">1. 接通实验箱电源</td><td>1</td><td>接通实验箱电源</td><td colspan="2"></td><td colspan="3"></td></tr>
<tr><td>2</td><td>连接毫米波雷达线束</td><td colspan="2"></td><td colspan="3"></td></tr>
<tr><td rowspan="5">2. 电脑配置及操作</td><td>1</td><td>电脑安装“毫米波雷达 轨迹”探测软件</td><td colspan="2"></td><td colspan="3"></td></tr>
<tr><td>2</td><td>鼠标移到电脑左下方的“开始”，右键点击，选择“设备管理器”</td><td colspan="2"></td><td colspan="3"></td></tr>
<tr><td>3</td><td>端口名称进行“串口”选择，在这里“配置串口”选择“COM3”，“数据串口”选择“COM4”</td><td colspan="2"></td><td colspan="3"></td></tr>
<tr><td>4</td><td>进入“毫米波雷达轨迹”探测软件，选择人体测量“peopleDetection”</td><td colspan="2"></td><td colspan="3"></td></tr>
<tr><td>5</td><td>点击旁边的“打开串口”，观察人体轨迹</td><td colspan="2"></td><td colspan="3"></td></tr>
<tr><td>3. 探测物体的运动轨迹</td><td colspan="2">观察、记录运动物体的运动轨迹</td><td colspan="2"></td><td colspan="3"></td></tr>
<tr><td rowspan="3">小组互评
第____组</td><td colspan="2">组员学号</td><td></td><td></td><td></td><td></td><td></td></tr>
<tr><td colspan="2">组员姓名</td><td></td><td></td><td></td><td></td><td></td></tr>
<tr><td colspan="2">互评分</td><td></td><td></td><td></td><td></td><td></td></tr>
<tr><td>教师考核</td><td colspan="7"></td></tr>
</table>

思考与练习

一、选择题

1. 波长为 1 ~ (　　) mm 的电磁波称为毫米波。

   A. 5　　B. 10　　C. 15　　D. 20

2. 毫米波雷达可以测量目标的(　　)信息。

   A. 距离　　B. 速度　　C. 高度　　D. 方位角

3. 目前车载毫米波雷达的最大有效探测距离为(　　)m。

   A. 150　　B. 200　　C. 250　　D. 300

二、判断题

1. 安装在车辆正前方的毫米波雷达可用于前向自动紧急制动系统 AEB。(　　)
2. 调频连续波(FMCW)毫米波雷达使用多普勒效应测量目标的距离。(　　)
3. 毫米波雷达能同时识别多个目标,能够在烟雾、灰尘、恶劣天气、夜晚等环境中使用。(　　)

三、简答题

1. 毫米波雷达的特点是什么?
2. 毫米波雷达的工作原理是什么?
3. 毫米波雷达在智能网联汽车中如何应用?
4. 毫米波雷达的安装应注意哪些事项?

模块四 激光雷达的原理、安装与标定

学习目标

▶ 知识目标

1. 了解激光雷达的特点、组成。
2. 了解激光雷达的工作原理、作用。

▶ 技能目标

1. 掌握激光雷达的标定实验步骤。
2. 掌握激光雷达的标定方法。
3. 熟练激光雷达的标定操作。

建议课时

8 课时

一 激光雷达的特点

激光雷达是通过发射激光束来探测目标位置的雷达系统，可以实现搜索和发现目标，测量目标的距离、速度、角位置等运动参数，以及测量目标的反射率、散射截面、形状等特征参数。

（一）激光雷达的优点

（1）可全天时工作，不受白天和黑夜光照条件的限制。激光主动探测，不依赖于外界光照条件或目标本身的辐射特性。它只需发射自己的激光束，通过探测发射激光束的回波信号即可获取目标信息。

（2）具有极高的分辨率。激光雷达工作于光学波段，频率比微波高 2 ~ 3 个数量级以上，因此，与微波雷达相比，激光雷达具有极高的距离分辨率、角分辨率和速度分辨率。激光束发散角小，能量集中，有更好的分辨率和灵敏度，探测精度高。

（3）获取的信息量丰富。可以获得幅度、频率和相位等信息，且多普勒频移大，可以探测从低速到高速的目标。可直接获取目标的距离、角度、反射强度、速度等信息,生成目标多维度图像。

(4)抗干扰能力强。激光波长短,可发射发散角非常小(μrad 量级)的激光束,多路径效应小(不会形成定向发射,从而与微波或者毫米波产生多路径效应),可探测低空/超低空目标。

(5)激光雷达的波长短,可以在分子量级上对目标探测且探测系统的结构尺寸可做得很小。

(6)激光雷达具有三维建模功能,能够检测周围 360°所有物体。

(二)激光雷达的缺点

(1)与毫米波雷达相比,产品体积大,成本高。

(2)不易识别交通标志和交通信号灯。

二 激光雷达的组成

激光雷达由发射光学系统、接收光学系统、主控及处理电路板、探测器接收电路模块、激光器及驱动模块组成。不同类型激光雷达内部结构如图 4-1、图 4-2 所示。

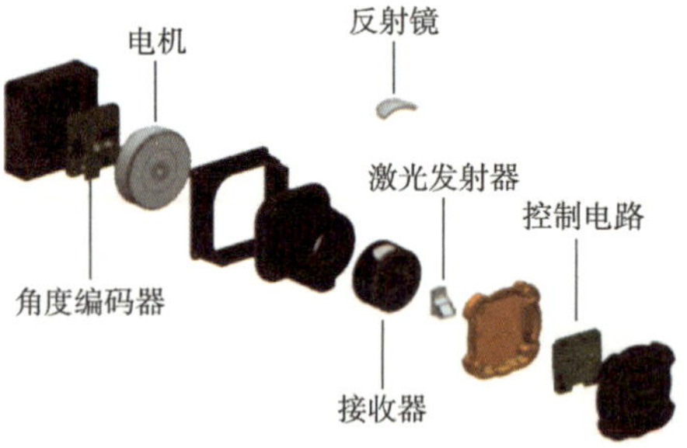

图 4-1　单线激光雷达零件分解图

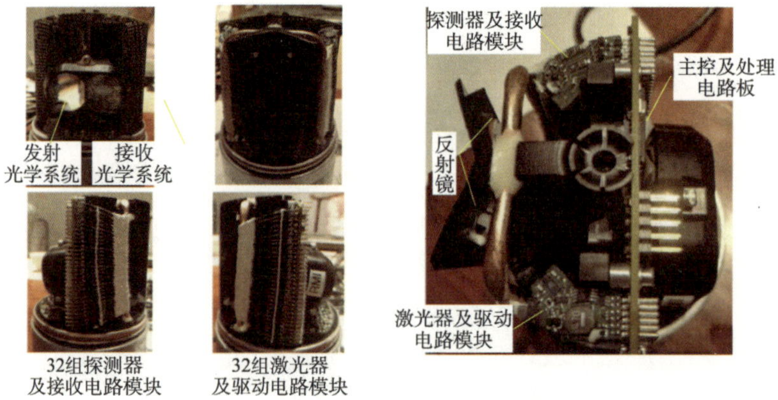

图 4-2　32 线激光雷达内部结构图

三 激光雷达的工作原理

毫米波雷达和激光雷达都属于雷达(Radio Detection and Ranging,RADAR),它们是利用无线电的反射来发现目标并测定目标的空间位置。雷达测距原理很简单,就是把无线电波发出去,然后接收回来,毫米波雷达和激光雷达都基于多普勒效应(Doppler Effect)工作,但是毫米波雷达发射的是窄波束,激光雷达发射的是光线。

激光雷达在工作时向目标发射探测信号(激光束),然后将接收到的从目标反射回来的信号(目标回波)与发射信号进行比较,做适当处理后,就可获得目标的有关信息,如目标距离、方位、高度、速度、姿态,甚至形状等参数,从而对飞机、导弹等目标进行探测、跟踪和识别。

激光雷达由激光发射器、光学接收器、转台和信息处理系统等组成,激光发射器将电脉冲变成光脉冲发射出去,光学接收器再把从目标反射回来的光脉冲还原成电脉冲,送到显示器。激光雷达的工作原理如图 4-3 所示。

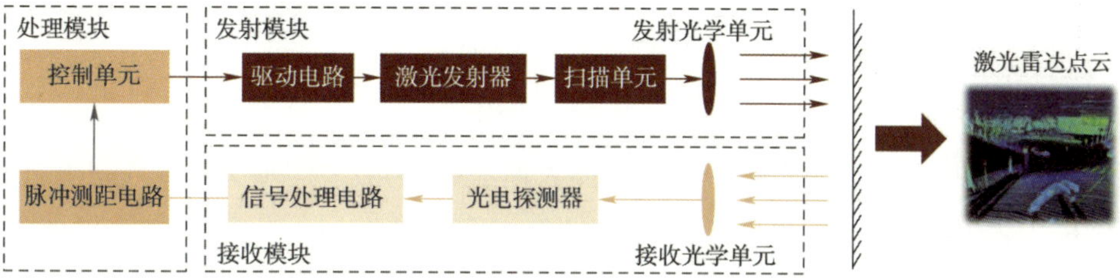

图 4-3 激光雷达的工作原理

车载激光雷达主要可通过三种方法实现测距:飞行时间(Time of Flight,TOF)法、三角测距法和调幅连续波(Amplitude Modulated Continuous Wave, AMCW)测距法。下面以飞行时间(TOF)法和三角测距法为例介绍激光雷达的测距原理。

(一)飞行时间法

激光雷达测距的飞行时间法基本原理是通过测算激光发射信号与激光回波信号的往返时间,从而计算出目标的距离。激光飞行时间测算时,首先激光雷达发出激光束,记录激光发出的时间,激光束碰到障碍物后被反射回来,反射回来的激光被激光接收系统进行接收和处理,记录激光从发射至被反射回来并接收之间的时间,即为激光的飞行时间。根据飞行时间,结合光波的传播速度,就可以计算出障碍物的距离。激光雷达飞行时间法测距如图 4-4 所示。

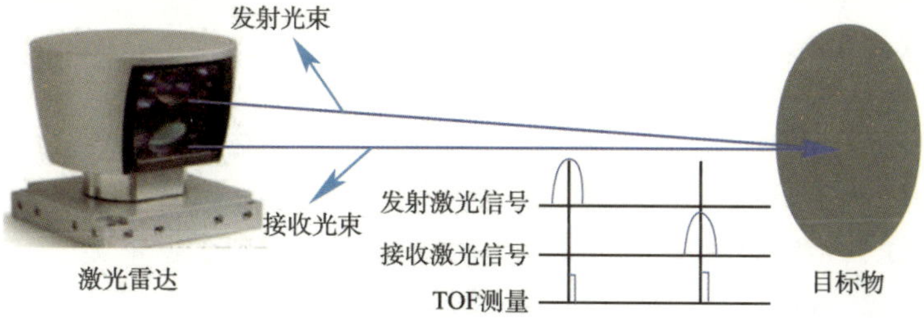

图 4-4 激光雷达飞行时间法测距

(二)单线激光雷达原理之三角测距法

激光三角测距法主要是通过一束激光以一定的入射角度照射被测目标，激光在目标表面发生反射和散射，在另一角度利用透镜对反射激光汇聚成像，光斑成像在感光耦合组件(Charge-Coupled Device，CCD)位置传感器上。当被测物体沿激光方向发生移动时，位置传感器上的光斑将产生移动，其位移大小对应被测物体的移动距离，因此，可通过算法设计，由光斑位移距离计算出被测物体与基线的距离值。由于入射光和反射光构成一个三角形，对光斑位移的计算运用了几何三角定理，故该测量法被称为激光三角测距法。

按入射光束与被测物体表面法线的角度关系，激光三角测距法可分为直射式和斜射式两种。

1. 直射式激光三角测距法

如图4-5所示，当激光光束垂直入射被测物体表面，即入射光线与被测物体表面法线共线时，为直射式激光三角测距法。

2. 斜射式激光三角测距法

当光路系统中，激光入射光束与被测物体表面法线夹角小于90°时，该入射方式为斜射式。如图4-6所示的光路图为激光三角测距法斜射式光路图。

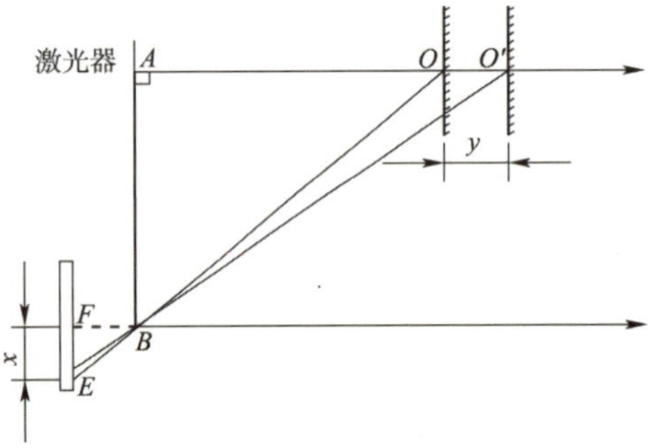

图4-5　激光三角测距法直射式光路图

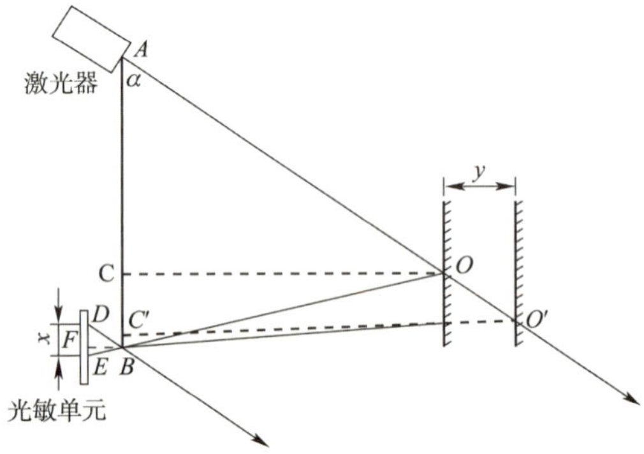

图4-6　激光三角测距法斜射式光路图

四　部分激光雷达介绍

(一)速腾聚创16线激光雷达(RS-LiDAR-16)

RS-LiDAR-16是速腾聚创公司已经量产的16线激光雷达，是国内首款、小型激光雷达，主要面向自动驾驶汽车环境感知、机器人环境感知、精准测绘等领域。

RS-LiDAR-16采用混合固态激光雷达方式，集合了16线激光头，测量距离150m以上，测量精度2cm以内，出点数高达320000点/s，水平测角360°、垂直测角30°，其参数见表4-1。

速腾聚创 16 线激光雷达参数 表 4-1

功能	参数	功能	参数
线数	16	激光波长	905nm
激光安全等级	Class 1 人眼安全	盲区	≤0.4m
测距能力	150m(90mm@10% NIST)	精度(典型值)	±2cm
水平视场角	360°	垂直视场角	30°
水平角分辨率	0.1°、0.2°、0.4°	垂直角分辨率	2.0°
帧率	5Hz、10Hz、20Hz	转速	300r/min、600r/min、1200r/min(5Hz、10Hz、20Hz)
出点数	~300000(单回波模式)~600000 点/s(双回波模式)	UDP 数据包内容	三维空间坐标、反射强度、时间戳等
以太网输出	100Mb/s	输出数据协议	UDP packets over Ethernet①
工作电压	9~32V	工作温度	-30~+60℃
产品功率	12W	存储温度	-40~+85℃
防护等级	IP67	时间同步	SGPRMC with 1PPS②
尺寸	φ109mm×H80.7mm	重量(不包含数据线)	~0.87kg

注:①UDP 是指(User Datagram Protocol)用户数据报协议,UDP packets over Ethernet 指通过以太网传输的 UDP 数据包以及激光雷达通过以太网传输用户数据。

②SGPRMC 是 GPS 信号传输的一种数据格式,为"推荐定位信息";1PPS 是每秒脉冲次数 1 次,即通过 GPRMC 数据,每秒进行一次时间同步

(二)其他激光雷达介绍

1. 单线激光雷达

单线激光雷达是指激光源发出的线束是单线的雷达,如图 4-7 所示,测距原理有三角测距和 TOF 测距之分,主要以机器人领域应用居多。其扫描速度快、分辨率高、可靠性高,与多线激光雷达相比,单线激光雷达在角频率及灵敏度上反应更快捷,所以在障碍物的测距精度上也更加精准。

图 4-7 单线激光雷达

以思岚科技的单线激光雷达为例,其主要由激光器、接收器、信号处理单元和旋转机构 4 个核心组件构成。

1)激光器

激光器是激光雷达中的激光发射机构。在工作过程中,它会以脉冲的方式点亮。思岚科技的 RPLIDAR A3 系列雷达,每秒钟会点亮和熄灭 16000 次。

2)接收器

激光器发射的激光照射到障碍物以后,通过障碍物的反射,反射光线会由镜头组汇聚到接收器上。

3)信号处理单元

信号处理单元负责控制激光器的发射,以及接收器收到信号的处理。根据这些信息计

算出目标物体的距离信息。

4）旋转机构

以上3个组件构成了测量的核心部件。旋转机构负责将上述核心部件以稳定的转速旋转起来，从而实现对所在平面的扫描，并产生实时的平面图信息。

2. 多线激光雷达

多线激光雷达是指同时发射及接收多束激光的激光旋转测距雷达，如图4-8所示。目前，市场上多线激光雷达有4线、8线、16线、32线、64线和128线之分，多线激光雷达可以识别物体的高度信息并获取周围环境的3D扫描图，主要应用于无人驾驶领域。

3. 固态激光雷达

固态激光雷达主要是依靠波的反射或接收来探测目标的特性，大多源自三维图像传感器的研究，实际源自红外线焦平面成像仪。焦平面探测器的焦平面上排列着感光元件阵列，从无限远处发射的红外线经过光学系统成像在系统焦平面的这些感光元件上，探测器将接收到的光信号转换为电信号并进行积分放大、采样保持，通过输出缓冲和多路传输系统，最终送达监视系统形成图像。固态激光雷达如图4-9所示。

图4-8　多线激光雷达

图4-9　固态激光雷达

五　激光雷达的安装标定

（一）激光雷达安装

1. 任务说明

安装激光雷达并调整安装位置，使激光雷达能够更精确地测量目标位置、运动状态和形状，探测、识别、分辨和跟踪目标，熟悉激光雷达的安装步骤以及安装注意事项。

2. 任务目标

1）技能目标

（1）能够进行激光雷达的正确安装。

（2）掌握激光雷达安装注意事项。

2）情感目标

（1）树立效率意识、规范意识；强化人际沟通、团队合作的能力。

（2）利用实训平台进行自主学习，培养制订工作计划、独立决策的能力。

3. 设备及工具

(1)激光雷达 1 套。

(2)自动驾驶汽车教学平台 1 套。

(3)安装工具 1 套。

4. 实验内容和步骤

(1)安装固定支架,如图 4-10 所示。

(2)测量、调整固定支架高度,如图 4-11 所示。测量调整参考高度表见表 4-2。

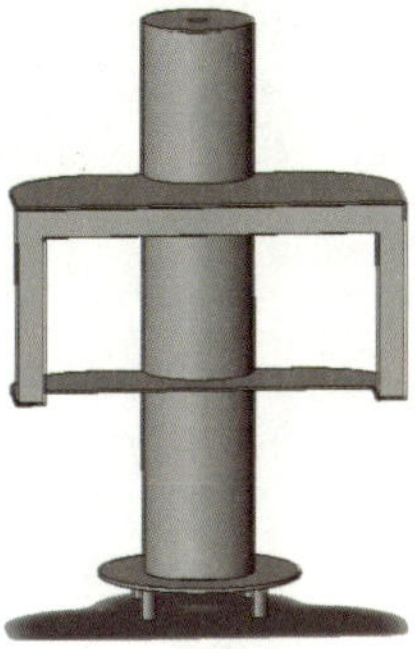

图 4-10 固定支架

图 4-11 安装高度

测量调整参考高度表 表 4-2

项 目	参考数据
激光雷达支架安装离地高度	1.5m

(3)取出激光雷达,激光雷达组件如图 4-12 所示。

(4)安装激光雷达主体,如图 4-13 所示。安装参数见表 4-3。

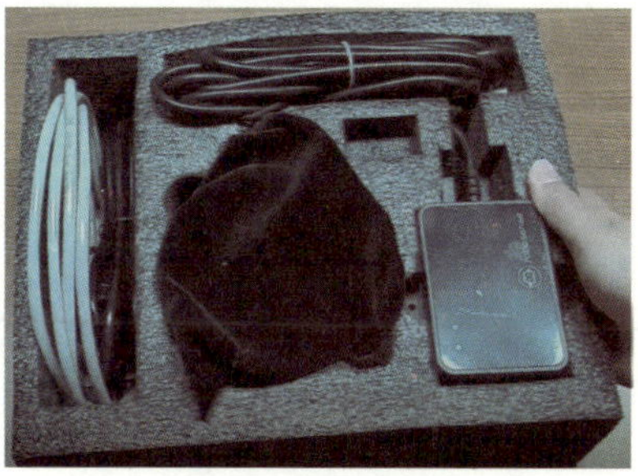

图 4-12 激光雷达组件

图 4-13 激光雷达安装位置示意图

安装参数参考表 表 4-3

序 号	项 目	参考数据
1	激光雷达安装位置	车顶
2	激光雷达安装环境	周围无遮挡
3	激光雷达安装角度	平行于水平线

注意:

①该教学平台安装位置为车顶;

②激光雷达安装位置应无遮挡;

③该教学平台安装高度为 1.5m;

④安装高度越高，盲区越大；

⑤该教学平台安装角度为水平面安装，无倾斜角；

⑥激光雷达根据不同应用要求，可调节安装角度，但是会失去部分探测长度。

(5)调整安装角度，如图4-14所示。

(6)布置激光雷达线束，如图4-15所示。

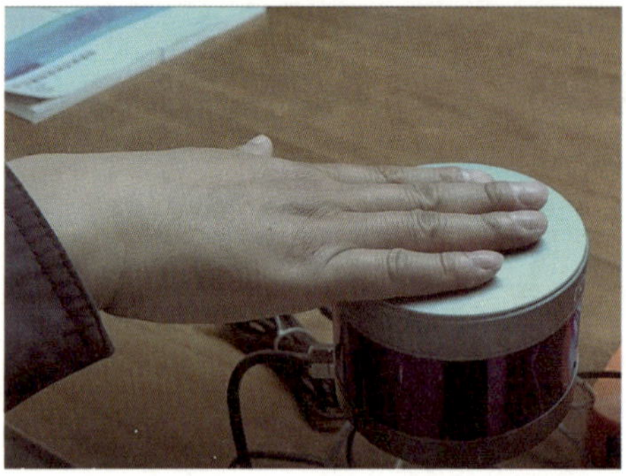

图4-14　安装角度

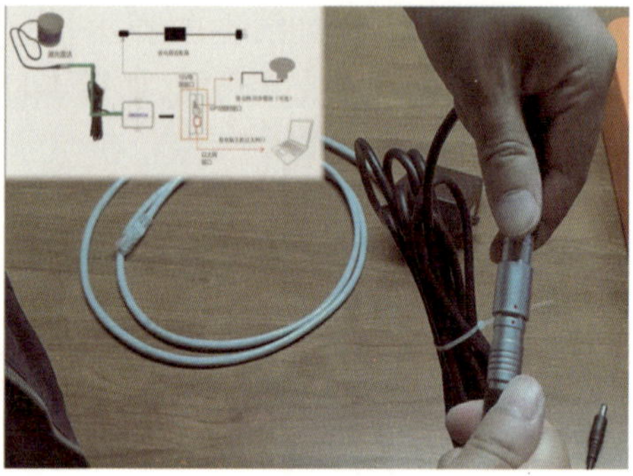

图4-15　线束连接

(二)激光雷达模块应用

1. 任务说明

通过使用激光雷达的demo软件，使激光雷达能够精确测量目标位置、运动状态和形状，探测、识别、分辨和跟踪目标，熟悉激光雷达的工作原理。

2. 任务目标

1)知识目标

(1)能正确讲述激光雷达的工作原理。

(2)能正确讲述激光雷达的作用。

(3)能正确讲述激光雷达的标定实验步骤。

2)技能目标

(1)掌握激光雷达的标定方法。

(2)能够熟练进行激光雷达的标定操作。

3)情感目标

(1)树立效率意识、规范意识；强化人际沟通、团队合作的能力。

(2)培养爱岗敬业的职业道德和严谨务实勤劳的工作作风。

(3)利用实训平台进行自主学习，培养制订工作计划、独立决策的能力。

3. 设备及工具

激光雷达1套。

4. 实验内容和步骤

1)产品简介

RS-LiDAR-16是深圳市速腾聚创科技有限公司最新推出的16线激光雷达，是世界领先的小型激光雷达，主要面向无人驾驶汽车环境感知、机器人环境感知、无人机测绘等领域。

RS-LiDAR-16 采用混合固态激光雷达方式，集合了 16 个激光收发组件，测量距离高达 150m，测量精度 ±2cm 以内，出点数高达 320000 点/s，水平测角 360°，垂直测角 －15° ~ 15°。RS-LiDAR-16 通过 16 个激光发射组件快速旋转，同时发射高频率激光束对外界环境进行持续性的扫描，经过测距算法提供三维空间点云数据及物体反射率，可以让机器“看”到周围的世界，为定位、导航、避障等提供有力的保障。RS-LiDAR-16 激光雷达成像系统如图 4-16 所示。

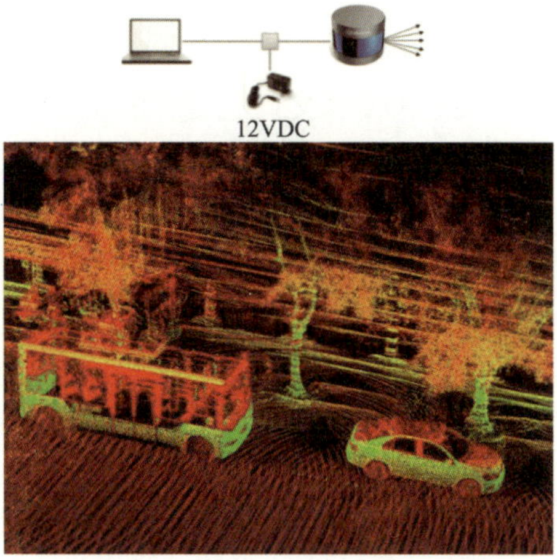

图 4-16　RS-LiDAR-16　激光雷达成像系统

该设备的使用过程包括以下步骤：

（1）连接 RS-LiDAR-16 设备。

（2）解析数据包获得旋转角，测距信息，以及校准反射率。

（3）依据雷达的旋转角，测距以及垂直角度计算 *XYZ* 坐标值。

（4）根据需求存储数据。

（5）可读取设备当前状态配置信息。

（6）可根据需求重新配置以太网、时间、转速信息。

2）电气接口定义

在配备接口盒子一同使用的时候，设备供电要求电压范围为 DC9 ~ 32V，推荐使用 DC12V。如果不使用接口盒子给连接雷达的端子供电，必须使用经过稳压的 DC12V。设备工作状态下功耗约为 9W（典型值）。

RS-LiDAR-16 激光雷达从主机下壳体侧面引出缆线（电源/数据线）的另一端使用了标准的 SH1.25 接线端子，接线端子针脚序号如图 4-17 所示。用户使用 RS-LiDAR-16 可将 SH1.25 端子插入 Interface BOX（接口盒）中对应的位置。

序号	电缆颜色	描述	数量
1	蓝色	GPS REC	1
2	绿色	GPS 脉冲	1
3	红色	+12V	1
4	黄色	+12V	1
5	白色	GND(搭铁)	1
6	黑色	GND(搭铁)	1
7	棕色	以太网接收负(RX-)	1
8	棕白色	以太网接收正(RX+)	1
9	橙色	以太网发射负(TX-)	1
10	橙白色	以太网发射正(TX+)	1

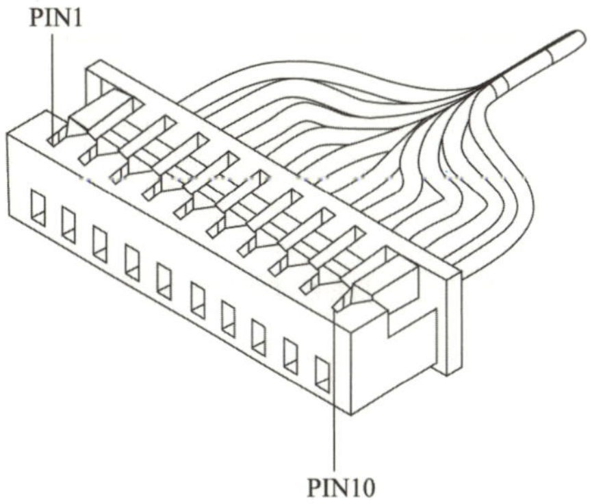

图 4-17　接线端子针脚号

RS-LiDAR-16 具备使用航空插头接口的版本，雷达侧面主机到航空插头的线缆长度为 1m。航空插头接口上具体引脚定义如图 4-18 所示。

RS-LiDAR-16 出厂默认接驳 Interface BOX。RS-LiDAR-16 附件 Interface BOX 具有电源指示灯及各类的接口，可接驳电源输入、网线及 GPS 输入线。其端口包含：设备电源输入（DC5.5-2.1 母座）、RS-LiDAR-16 数据输出（RJ45 网口座）以及 GPS 设备输入（SH1.0-6P 母座）。目前有两种外观的 Interface BOX 历史版本，其上各接口都一样，只是盒子外观不一样。Interface BOX 各接口相对应的位置及针脚定义如图 4-19 所示。

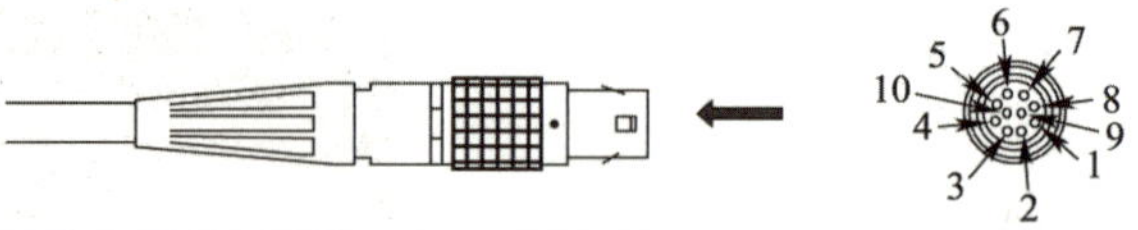

序号	线材颜色	功能
1	红色	+12V
2	黄色	+12V
3	白色	GND(搭铁)
4	黑色	GND(搭铁)
5	绿色	GPS脉冲
6	蓝色	GPS接收机
7	棕色	以太网接收负(RX–)
8	棕白色	以太网接收正(RX+)
9	橙色	以太网发射负(TX–)
10	橙白色	以太网发射正(TX+)

图 4-18　航空插头接口引脚序号

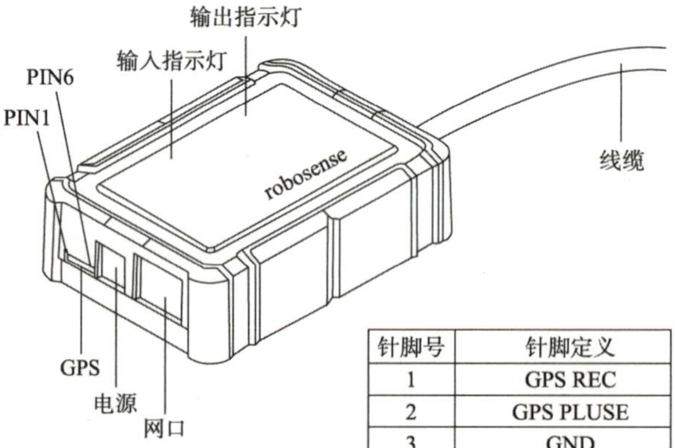

针脚号	针脚定义
1	GPS REC
2	GPS PLUSE
3	GND
4	NC
5	NC
6	+5V

图 4-19　Interface BOX 各接口对应位置及针脚定义

注意：RS-LiDAR-16 的“地”与外部系统连接时，外部系统供电电源负极（“地”）与 GPS 的“地”必须为非隔离共地系统。电源正常输入时，红色电源输入指示灯亮起；电源正常输出时，绿色电源输出指示灯亮起。当输入指示灯点亮，输出指示灯暗灭时，Interface BOX 进入保护状态。如输入指示灯及输出指示灯同时暗或灭时，请检查电源输入是否正常，如电源输入正常，即 Interface BOX 可能已经损坏，请返厂维修。GPS 接口定义：GPS REC 为 GPS UART 输入；GPS PULSE 为 GPS PPS 输入。网络接口遵循 EIA/TIA568 标准。电源接口使用标准 DC5.5-2.1 接口。

Interface Box 连接如图 4-20 所示。

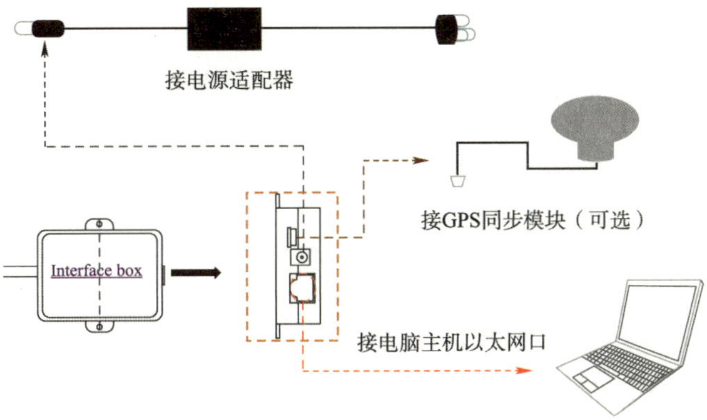

图 4-20 Interface Box 连接示意图

3）通信协议

RS-LiDAR-16 与电脑之间的通信采用以太网介质，使用 UDP 协议，输出包有两种类型：MSOP 包和 DIFOP 包。本书中所有涉及 UDP 的协议包均为 1290byte 定长，其中 1248byte 为有效载荷，其余 42byte 为 UDP 封包开支。RS-LiDAR-16 网络参数可配置，出厂默认采用固定 IP 和端口号模式，按照表 4-4 进行配置。

出厂默认网络配置表　　表 4-4

设　备	IP　地　址	MSOP 包端口号	DIFOP 包端口号
RS-LiDAR-16	192.168.1.200	6699	7788
电脑	192.168.1.102		

设备默认 MAC 地址是在工厂初始设置的，但是设备 MAC 地址可根据需求改动。使用设备的时候，需要把电脑的 IP 设置为与设备同一网段上。例如，192.168.1.x，子网掩码为 255.255.255.0。若不知设备网络配置信息，请将主机子网掩码设置为 0.0.0.0 后连接设备并使用 wireshark（网络封包分析软件）抓取设备输出包进行分析。RS-LiDAR-16 和电脑之间的通信协议主要分三类，设备协议一览表见表 4-5。主数据流输出协议（MSOP），将激光雷达扫描出来的距离、角度、反射率等信息封装成包输出给电脑；设备信息输出协议（DIFOP），将激光雷达当前状态的各种配置信息输出给电脑；用户配置写入协议（UCWP），用户可以根据自己需求，重新修改激光雷达的某些配置参数。

设备协议一览表　　表 4-5

（协议/包）名称	简　写	功　能	类　型	包 大 小	发送间隔
主数据流输出协议 Main Data Stream Output Protocol	MSOP	扫描数据输出	UDP	1248 byte	约 1.2ms
设备信息输出协议 Device Information Output Protocol	DIFOP	设备信息输出	UDP	1248 byte	约 100ms
用户配置写入协议 User Configuration Write Protocol	UCWP	配置设备参数输入	UDP	1248 byte	INF

4)安装 RSView

RSView 的安装文件支持 Windows 的 64 位操作系统,安装前不需要安装其他依赖软件。RS-LiDAR-16 包装里面的 U 盘中有 RSView 的安装包 RSView_X. X. X_Setup. exe。也可以从 Robosense 的官方网站(http://www. robosense. ai/web/resource/cn)上面下载最新版本。

安装时一直选择默认安装即可。安装界面如图 4-21 所示。

5)RS-LIDAR-16 接通电源,并用网线和电脑连接

激光雷达组件如图 4-22 ~ 图 4-26 所示。

图 4-21　安装 RSView

图 4-22　激光雷达

图 4-23　网线

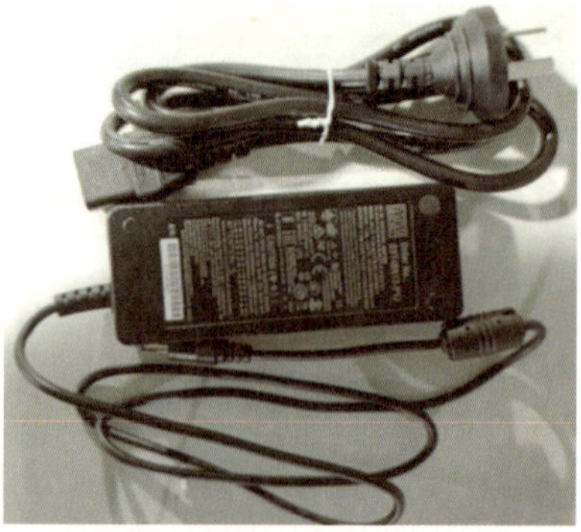

图 4-24　电源

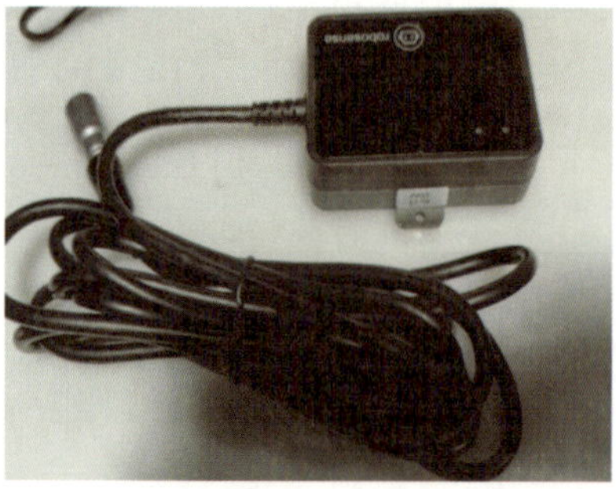

图 4-25　Interface BOX

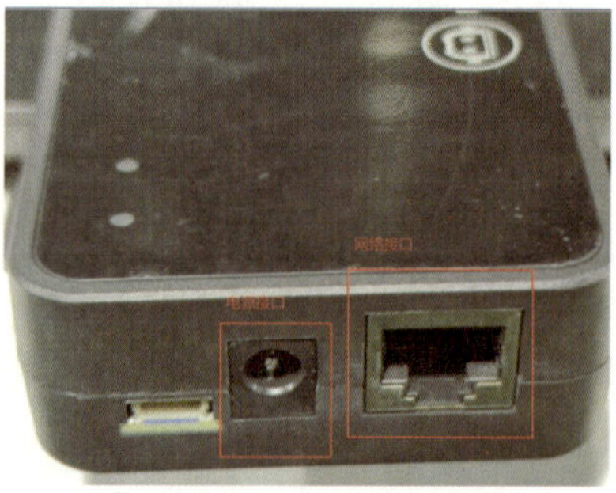

图 4-26　Interface BOX 接口

(1)Interface BOX 接口连接激光雷达,如图 4-27 中的点相对插接。

(2)网线、电源线连接。网络接口用网线与电脑网口连接,电源接口连接电源,如图 4-28 所示。

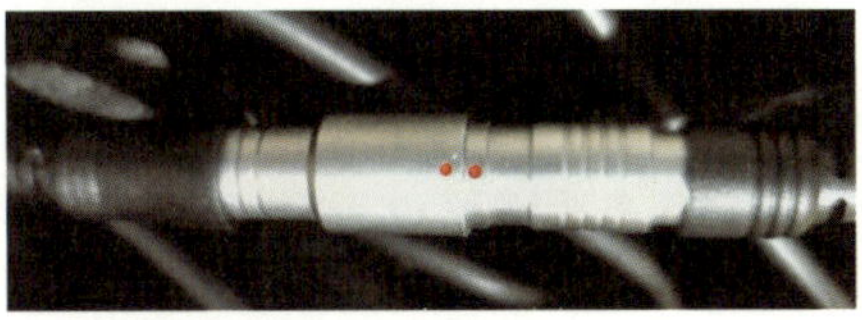
图 4-27 对插标记

6）设置网络

雷达出厂时设定发送电脑的 IP 地址，因此，默认情况下需要设定计算机的静态 IP 的地址为 192.168.1.102，子网掩码为 255.255.255.0。此外还需要确保 RSView 没有被防火墙或第三方安全软件给禁止。

（1）打开控制面板找到“网络和 Internet”，如图 4-29 所示。

图 4-28 网线、电源线连接

图 4-29 网络和 Internet

（2）点击“查看基本网络信息并设置连接”，如图 4-30 所示。

（3）点击“更改适配网络设置”，找到 “以太网”双击，如图 4-31 所示。

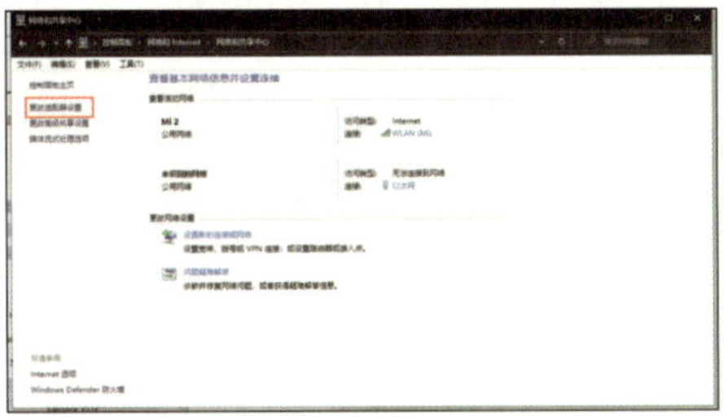
图 4-30 更改适配网络设置

图 4-31 以太网 IP 地址设置

（4）点击属性找到图 4-32 中“2” Internet 协议版本 4（TCP/IPv4）并双击。

（5）修改 IP 地址和子网掩码，如图 4-33 所示。

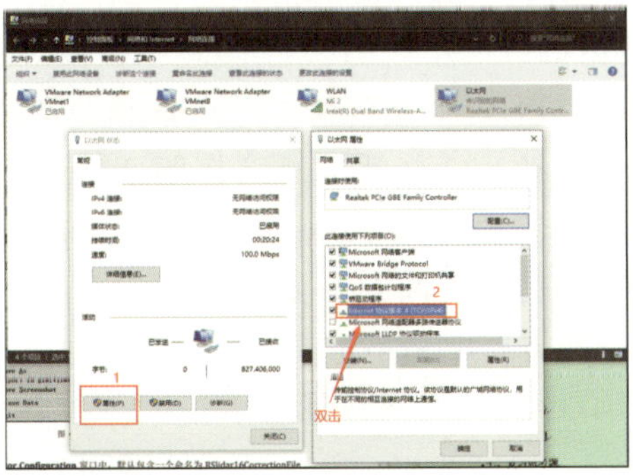

图 4-32 Internet 协议版本 4（TCP/IPv4）

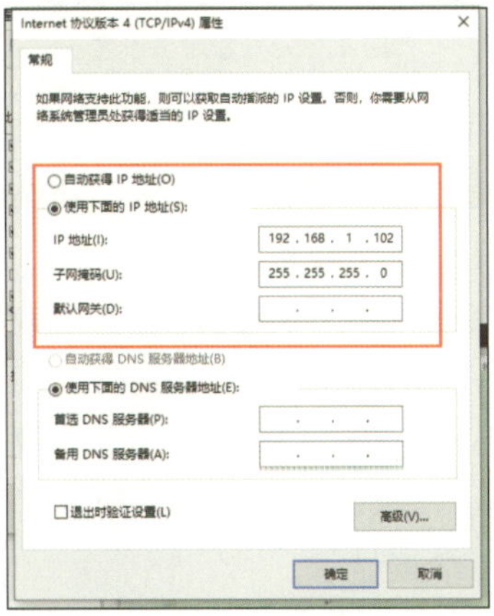

图 4-33 IP 地址和子网掩码

(6)修改完成后点击确定,然后检查是否修改成功,如图 4-34 所示。

(7)按照图 4-35 所示的内容,打开网络设置。

(8)查看网络设置是否正确,如图 4-36 所示。

图 4-34　检查网络连接

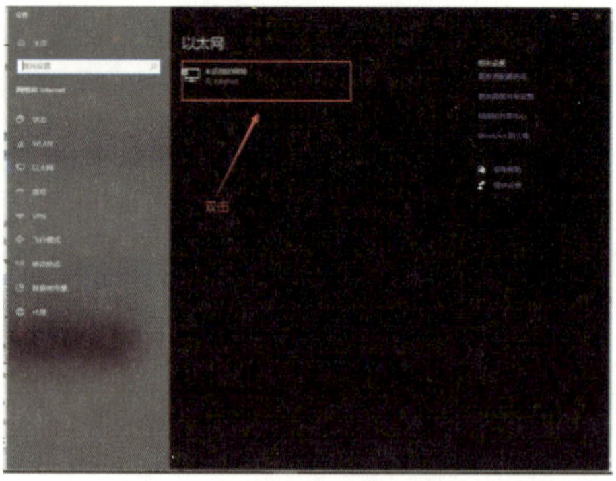

图 4-35　双击打开网络设置

7)右键使用管理员权限运行打开 RSView 软件

点击 File→Open,并且选择 SensorStream,如图 4-37 所示。

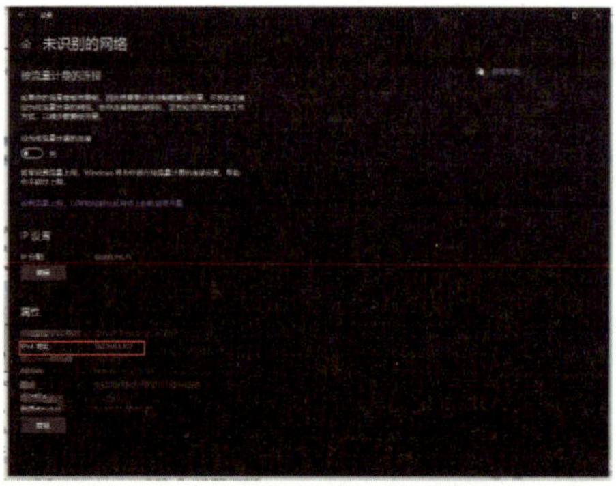

图 4-36　查看网络设置

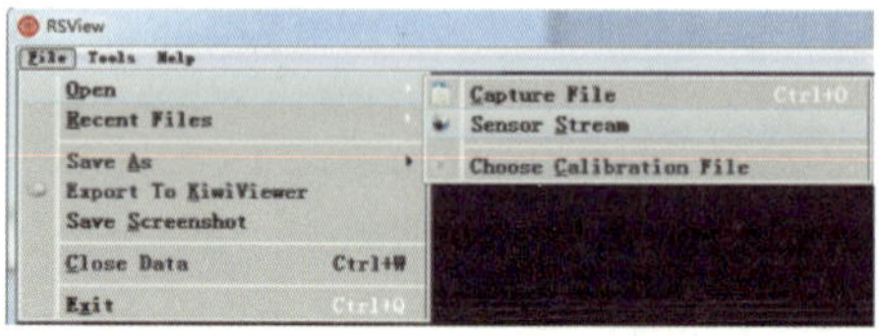

图 4-37　打开 RSView 实时数据显示

在弹出的 SensorConfiguration 窗口中,默认包含一个命名为 RSlidar16CorrectionFile 的雷达参数目录,但是需要加入购买的雷达对应的参数目录,否则显示的点云图形将会混乱。选择配置文件所在文件夹然后点击 OK,如图 4-38 所示。注意配置文件的文件夹路径中不能包含有中文或者中文字符,并且所选择文件夹下需要有三个 csv 格式文件(angle. csv,ChannelNum. csv,curves. csv)。可以在 RS-LiDAR-16 包装里面的 U 盘里面找到对应的配置文件夹 configuration_data。配置文件夹存放路径不允许有中文字符。

RSView 开始显示实时采集到数据,如图 4-39 所示。可以通过点击 Play 按钮暂停,再点击一次可以继续显示。

至此,激光雷达使用完成。

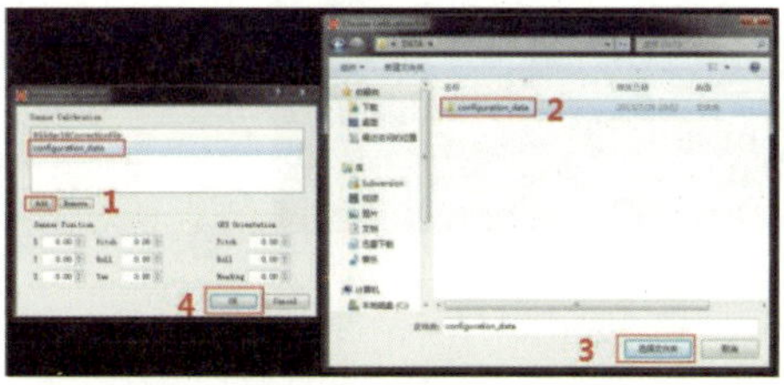

图 4-38 选择 RS-LiDAR-16 参数配置文件

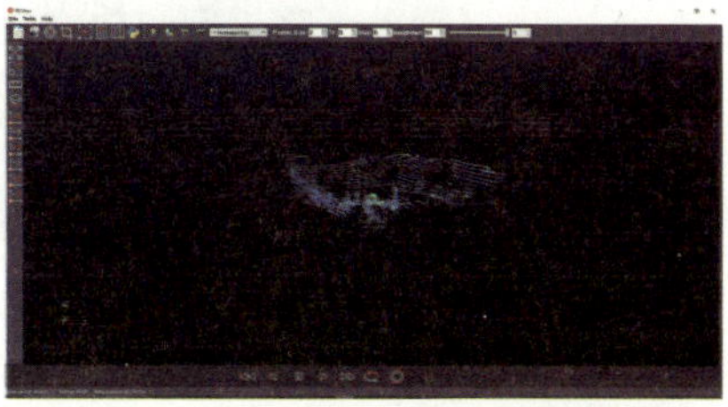

图 4-39 实时采集数据显示

(三)激光雷达标定

1. 任务说明

通过激光雷达的标定,使自动驾驶教学平台能够精确测量目标位置、运动状态和形状,探测、识别、分辨和跟踪目标,熟悉激光雷达的工作原理。

2. 任务目标

1)技能目标

(1)能够熟练操作 Ubuntu 系统和 Apollo 平台。

(2)掌握激光雷达的标定方法。

(3)能够熟练进行激光雷达的标定操作。

2)情感目标

(1)树立效率意识、规范意识;强化人际沟通、团队合作的能力。

(2)培养爱岗敬业的职业道德和严谨务实勤劳的工作作风。

(3)利用实训平台进行自主学习,培养制订工作计划、独立决策的能力。

(4)培养运用多方资源解决实际问题的能力。

3. 设备及工具

(1)自动驾驶教学平台 1 套。

(2)遥控器 1 个。

(3)鼠标键盘 1 套。

4. 实验内容和步骤

1)前提条件

(1)完成了循迹搭建——车辆循迹演示。

(2)完成了基于激光雷达的封闭园区自动驾驶搭建——感知设备安装。

(3)完成了云服务账号开通。

2)修改路径与修改内容

修改以下路径的文件:

modules/localization/conf/localization. conf

修改内容:

将 enable_lidar_localization 设置为 false,如图 4-40 所示。

注意:所有传感器标定完成后,如果用户要使用 msf 定位,则需要再改为 true。

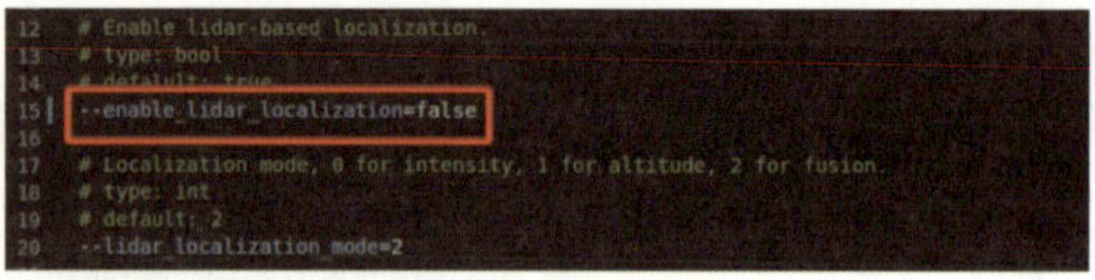

图 4-40　修改内容

3)标定场地选择

标定场地会直接影响到标定效果。对标定场地有如下要求:

(1)标定场地中心 8m 范围内需要有轮廓清晰的静态参照物,如电线杆、建筑物、车辆,避免存在过多动态障碍物。如果静态障碍物距离较远,会严重影响标定效果。

(2)确保路面平坦。

(3)能确保 GNSS 信号良好,不要有过多的干扰。

进行 Lidar-GNSS 的标定,需要录制包含传感器信息的数据包作为数据输入,所需的 channel 及 channel 频率见表 4-6。

channel　频　率　　　表 4-6

模　　块	channel　名　称	channel 频率(Hz)
VLP-16	/apollo/sensor/lidar16/PointCloud2	10
localization	/apollo/localization/pose	100

为获取上述 channel,需要正确启动 Apollo 环境及 dreamview,在 dreamview 中选择模式为 Dev Kit Debug,选择车型为 Dev Kit,并在 dreamview 中启动 GPS、localization、lidar 三个模块。

在 dreamview 中,启动 recorder 模块即开始录制数据包,关闭 recorder 模块即停止录制数据包,如图 4-41 所示。

待 channel 数据正常输出后,可以开始录制数据包。录制期间,需要控制车辆以 8 字形轨迹缓慢行驶。并使转弯半径尽可能小,至少包含 5 圈完整的 8 字轨迹数据,如图 4-42 所示。

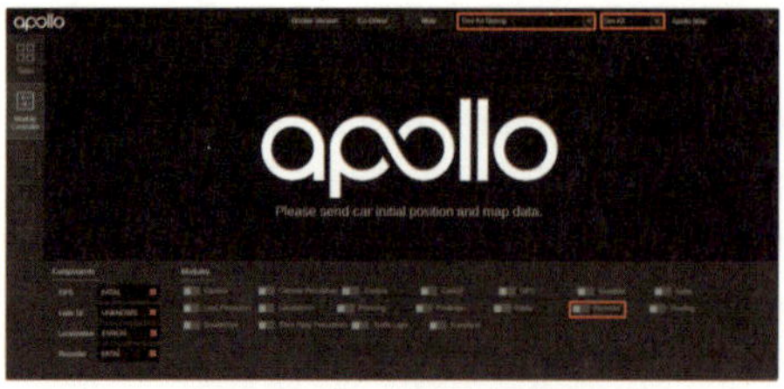

图 4-41　dreamview 界面

图 4-42　8 字形轨迹

如果工控机没有插入移动硬盘,则数据包会存储到工控机 apollo/data/bag/路径下(注意,apollo 为代码目录);如果工控机插入了移动硬盘,则系统会将数据包存储到可用容量较大的硬盘中,如果移动硬盘可用容量较大,则存储路径为移动硬盘的 data/bag/目录。

4)按照目录放置好标定数据包

复制 sensor_calibration 目录,路径为:

docs/specs/Apollo_Fuel/examples/sensor_calibration/,并放置于 Apollo 的根目录下,如

图 4-43 所示。

本小节重点是关于 lidar_to_gnss 目录，把前面录制的 Lidar-GNSS 标定数据包放置于 sensor_calibration/lidar_to_gnss/records/目录中。

5）修改数据抽取工具文件

根据实际情况，修改配置文件 Lidar_to_gness. config 中预处理数据产出目录（output_path）和待处理数据包（record_path），如图 4-44 所示。

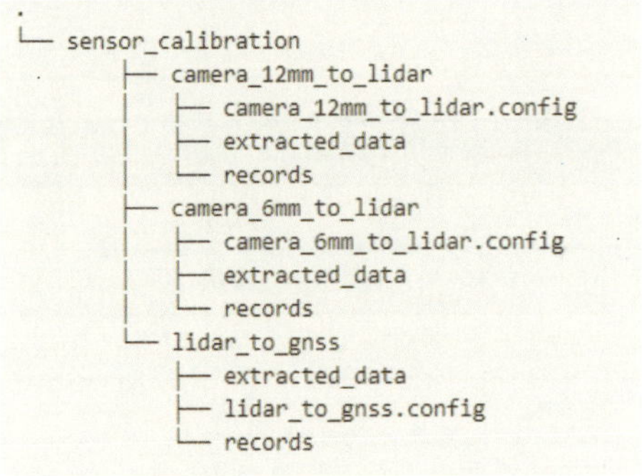

图 4-43　sensor_calibration 目录

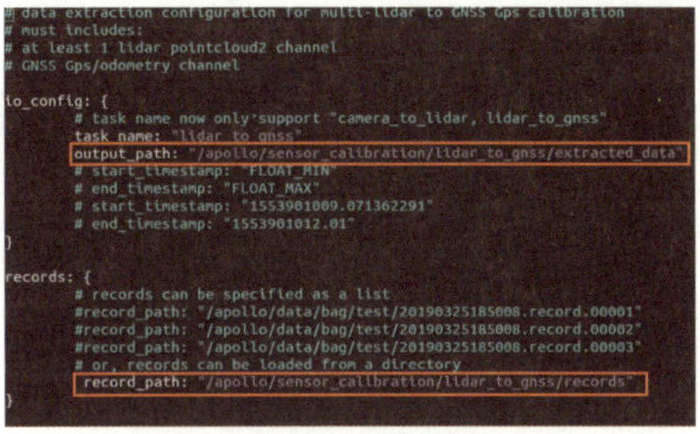

图 4-44　修改配置文件

6）运行数据抽取工具

（1）进入 docker 环境，执行以下指令：

cd/apollo/modules/tools/sensor_calibration Pythonextract_data. py——config/apollo/sensor_calibration/lidar_to_gnss. config

（2）等待终端中显示“Data extraction is completed successfully!”的提示，代表数据提取成功，提取出的数据被存储到配置文件中指定的 output_path 路径下。运行数据抽取工具后的目录如图 4-45 框中所示。

图 4-45　运行数据抽取工具后的目录

7）上传预处理数据

（1）将数据抽取生成的 lidar_to_gnss_202x_xx – xx 文件上传，如图 4-46 所示。

（2）上传后会获取到 3 个. pcd 结尾的点云文件，使用点云查看工具检查 pcd 文件，如果点云文件中周围障碍物清晰、锐利、边缘整齐，表示标定结果准确，否则，请重新标定，如图 4-47 所示。

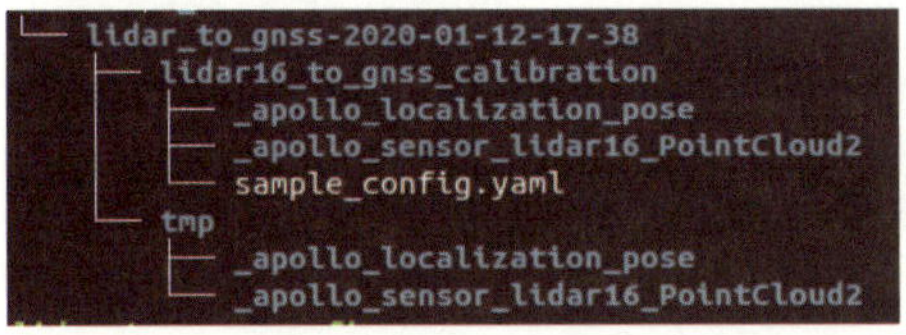

图 4-46　lidar_to_gnss_文件上传

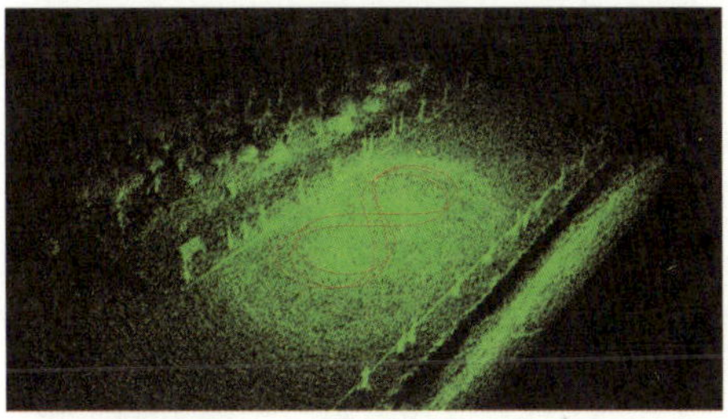

图 4-47　标定结果点云文件

（3）在 Ubuntu 系统下，可以使用 pcl-tools 工具查看点云文件。打开后缀为. pcd 的点云文件，打开文件的指令为：pcl_viewer xxx. pcd。若提示没有相关软件包信息，安装 pcl 工具包 sudo apt install pcl-tools，等待安装完毕，再输入 pcl_viewer xxx. pcd 即可打开文件。

(4)确认得到的外参文件合理后，将发送的外参文件的 rotation、translation 的值替换掉：

替换 modules/calibration/data/dev_kit/velodyne_params/velodyne16_novatel_extrinsics.yaml 中对应的 rotation、translation 值。

(5)注意不要修改 frame_id、不要直接替换文件。

技能实训

实训项目　激光雷达的安装标定						
课程名称			日期		成绩	
学生姓名			学号		班级	
任务载体	自动驾驶汽车教学平台					
任务目标	1. 能正确讲述激光雷达的工作原理、作用					
	2. 能正确讲述激光雷达的标定实验步骤					
	3. 掌握激光雷达的标定方法					
	4. 能够熟练进行激光雷达的标定操作					
项目	步骤		操作记录		异常描述	
1. 正确安装激光雷达	1	安装激光雷达固定支架				
	2	调整激光雷达支架安装离地高度				
2. 激光雷达的标定	1	修改路径与修改内容				
	2	标定场地选择				
	3	放置好标定数据包				
	4	修改数据抽取工具文件				
	5	运行数据抽取工具				
	6	上传预处理数据				
	7	查看标定结果是否准确				
小组互评 第____组	组员学号					
	组员姓名					
	互评分					
教师考核						

思考与练习

一、选择题

1. 激光雷达可以识别(　　)。

A. 车辆　　B. 行人　　C. 红绿灯　　D. 交通标志

2. 激光雷达按照有无机械旋转部件分为(　　)。

A. 机械激光雷达　　B. 固态激光雷达

C. 混合固态激光雷达　　D. 多线束激光雷达

3. 通过激光雷达进行目标检测,可以获得目标的(　　)。

A. 距离　　B. 方位角　　C. 高度　　D. 速度

二、判断题

1. 混合固态激光雷达无机械旋转部分。　　(　　)

2. 激光雷达的成像范围与视场角无关。　　(　　)

3. 激光雷达检测目标属于主动探测,不依赖于外界光照条件。　　(　　)

三、简答题

1. 简述激光雷达的结构和分类。

2. 结合飞行时间法(TOF),阐述激光雷达的测距原理。

3. 简述激光雷达的优、缺点及其在智能网联汽车中的应用。

4. RS-LiDAR-16 激光雷达的安装注意事项有哪些?

5. 简述 RS-LiDAR-16 激光雷达的使用步骤。

模块五 视觉传感器的原理、安装与标定

学习目标

▶ 知识目标

1. 了解视觉传感器的工作原理、硬件构成。
2. 了解视觉传感器的类型和特点。
3. 了解视觉传感器的主要指标。

▶ 技能目标

1. 掌握视觉传感器通信参数设置方法。
2. 掌握视觉传感器系统对目标的测量方法。

建议课时

8 课时

一 视觉传感器的特点

(1)视觉图像的信息量极为丰富,尤其是彩色图像。

(2)在视野范围内可同时实现道路检测、车辆检测、行人检测、交通标志检测、交通信号灯检测等,信息获取面积大。

(3)视觉信息获取的是实时的场景图像,环境适应性强。

(4)视觉传感器应用广泛,在智能网联汽车中可以用于前视、后视、侧视、内视、环视。

二 视觉传感器的主要指标

视觉传感器 CCD 和 CMOS 的主要参数有像素、帧率、靶面尺寸、感光度、信噪比和电子快门等。

(1)像素。像素即构成影像的最小单位,是图像传感器的最小感光单位,像素越多,则图

像传感器上的光敏元件数目越多，就可以感测到更多的物体细节，因此，图像就越清晰。

（2）帧率。帧率代表单位时间内所记录或播放的图片数量。

（3）靶面尺寸。靶面尺寸就是图像传感器感光部分的大小。一般用英寸（in）来表示，通常这个数据指的是这个视觉传感器的对角线长度，如常见的有 1/3in，靶面越大，意味着通光量越好，而靶面越小则比较容易获得更大的景深。

（4）感光度。感光度表示入射光线的强弱。感光度越高，感光面对光的敏感度就越强，快门速度就越快。

（5）信噪比。信噪比是指信号电压对于噪声电压的比值，单位为 dB。信噪比的典型值为 45 ~ 55dB，信噪比越大说明对噪声的控制越好，图像质量越好。

（6）电子快门。电子快门用来控制图像传感器的感光时间，电子快门越快，感光度越低，更适合在强光下拍摄。

三 视觉传感器的类型及原理

按照镜头和布置方式的不同，视觉传感器可以分为单目摄像头、双目摄像头、三目摄像头、环视摄像头。

（一）单目摄像头

单目摄像头的优点是成本低廉，能够识别具体障碍物的种类，识别准确度高；缺点是由于其识别原理导致其无法识别没有明显轮廓的障碍物，工作准确率与外部光线条件有关，并且受限于数据库，没有自学习功能。单目摄像头结构如图 5-1、图 5-2 所示。

图 5-1 单目摄像头（1）

图 5-2 单目摄像头（2）

单目摄像头的测距方式分为两种：

（1）通过深度神经网络来预测深度，但这需要大量的训练数据。训练后的单目视觉摄像头可以识别道路上最典型的参与者——人、汽车、重型货车、摩托车，或是其他障碍物（雪糕桶之类），还能对识别到的物体进行距离估计。

（2）结合车辆的运动信息，用时序上的相邻帧进行“类双目视觉”的检测，这种方法也被称为时间主体视觉（Motion Stereo）或二维运动图像中的三维构建（Structure from Motion）。

（二）双目摄像头

双目视觉测距就像人用双眼观察事物一样，主要利用同一时刻不同摄像头之间的视差对目标的深度进行测量。双目摄像头外观如图 5-3、图 5-4 所示。

图 5-3 双目摄像头(1)

图 5-4 双目摄像头(2)

相比于单目视觉测距，双目视觉测距的原理较为简单，不依赖于训练和学习，因此不需要庞大的训练集。双目视觉测距依靠不同摄像头同时获得的两幅图像，计算物体在两幅图上的视差(Disparity，同一物体在两幅图像中横坐标之差)就可以得到图像中的深度信息。

如图 5-5 所示，双目视觉测距本质上是利用相似三角形原理，估算出双目视觉系统与目标的距离信息。双目视觉传感器模块包含两个摄像机和两个镜头。两个摄像机在拍摄同一物体时，会得到该物体在相机成像平面的像素偏移量。根据像素偏移量、相机焦距 f 和两个视觉传感器的实际距离基线长 B 这些信息，通过数学换算即可得到物体的距离。

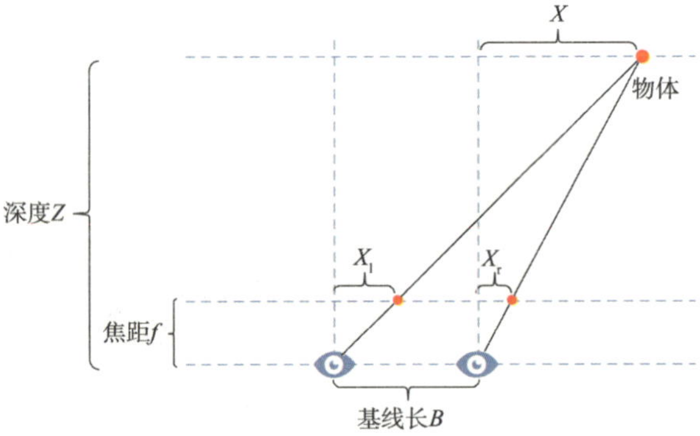

图 5-5 三角测距原理

双目视觉传感器优缺点：

(1)距离、角度测量精度高；

(2)对人工智能(AI)软件依赖程度较低；

(3)易受雨雪天气影响；

(4)应用成本较高。

(三)三目摄像头

由于单目摄像头和双目摄像头都存在某些缺陷，而三目摄像头感知范围更大，是三个不同焦距的单目车载视觉传感器的组合。很多智能网联汽车采用了三目视觉传感器方案。例如特斯拉使用的就是三目视觉传感器。三目摄像头外观如图 5-6、图 5-7 所示。但同时要标定三个摄像头,工作量较大。

图 5-6　三目摄像头(1)

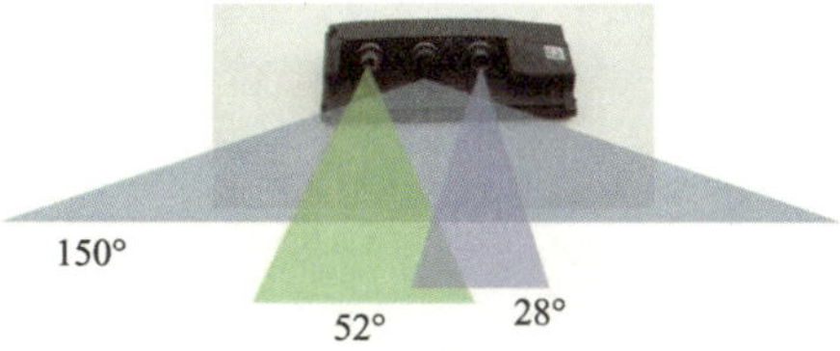

图 5-7　三目摄像头(2)

(四)环视摄像头

环视摄像头主要用于车辆 5 ~ 10m 的障碍物检测、自主停车时的库位线识别,为了获得足够大的视野,一般都使用鱼眼摄像头,但鱼眼摄像头的图像畸变较为严重。环视摄像头一般至少由 4 个鱼眼摄像头组成,通常都朝向地面安装。环视摄像头外观如图 5-8、图 5-9 所示。

图 5-8　环视摄像头(1)

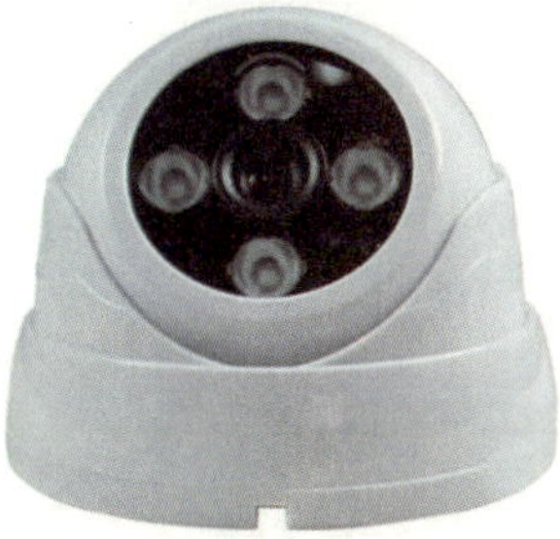

图 5-9　环视摄像头(2)

四　视觉传感器安装标定

(一)视觉传感器安装

1. 任务说明

通过安装视觉传感器,使视觉传感器能够更精确地对目标相对距离、角度进行测量,熟悉视觉传感器的安装步骤以及安装注意事项。

2. 任务目标

1)技能目标

(1)能够进行视觉传感器的正确安装。

(2)掌握视觉传感器安装注意事项。

2)情感目标

(1)树立效率意识、规范意识;强化人际沟通、团队合作的能力。

(2)利用实训平台进行自主学习,培养制订工作计划、独立决策的能力。

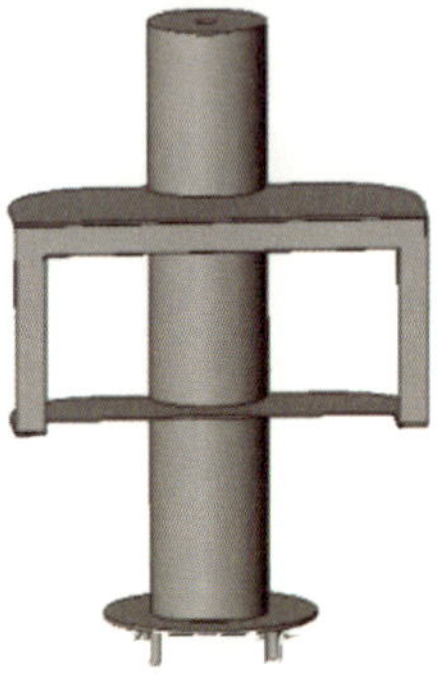

图 5-10　固定支架

3. 设备及工具

(1)中科慧眼双目视觉传感器 1 套。

(2)自动驾驶小车教学平台 1 套。

(3)安装工具 1 套。

4. 实验内容和步骤

(1)安装固定支架,如图 5-10 所示。

(2)测量、调整固定支架高度,如图 5-11 所示。测量调整参考高度表见表 5-1。

测量调整参考高度表　　表 5-1

项　目	参考数据
视觉传感器支架安装离地高度	1.5m

(3)取出视觉传感器,如图 5-12 所示。

(4)安装视觉传感器主体,如图 5-13 所示。安装参数见表 5-2。

图 5-11　固定支架高度

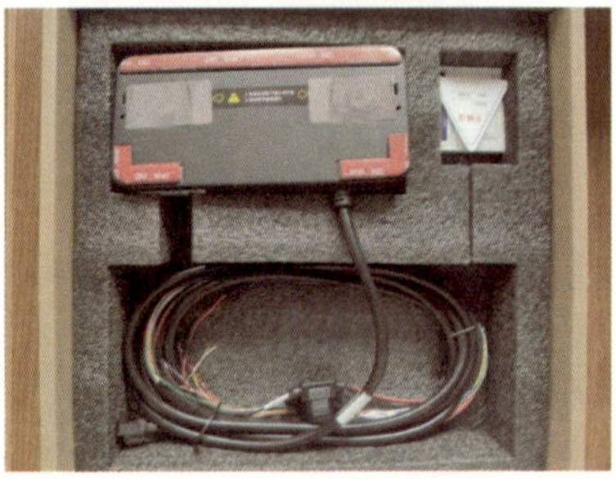

图 5-12　视觉传感器

图 5-13　视觉传感器安装位置

注意:

①该教学平台安装位置为激光雷达正下方;

②视觉传感器安装前方位置应无遮挡;

③该教学平台安装角度为水平面安装,无倾斜角;

④视觉传感器根据不同应用要求,可调节安装角度,但是会失去部分长度。

安装参数参考表 表 5-2

序号	项目	参考数据
1	视觉传感器安装位置	激光雷达正下方
2	视觉传感器安装环境	前方无遮挡
3	视觉传感器安装角度	平行于水平线

(二)视觉传感器标定

1. 任务说明

通过完成自动驾驶教学平台视觉传感器的标定,进一步理解视觉传感器的应用。掌握视觉传感器的标定方法,熟练 Ubuntu 系统和 Apollo 平台的操作。

2. 任务目标

1)技能目标

(1)能够熟练操作 Ubuntu 系统和 Apollo 平台。

(2)掌握视觉传感器的标定方法。

(3)能够熟练进行视觉传感器的标定操作。

2)情感目标

(1)树立效率意识、规范意识;强化人际沟通、团队合作的能力。

(2)培养爱岗敬业的职业道德和严谨务实勤劳的工作作风。

(3)利用实训平台进行自主学习,培养制订工作计划、独立决策的能力。

(4)培养运用多方资源解决实际问题的能力。

3. 设备及工具

(1)中科慧眼双目视觉传感器 1 个。

(2)装有 FieldHelper 软件的笔记本电脑 1 台。

(3)卷尺 1 个。

(4)标靶 1 个。

(5)以太网线 1 条。

4. 实验内容和步骤

1)必备条件

(1)已完成车辆集成,且正确安装视觉传感器。

(2)在视野开阔、光线良好、车辆行人较少的场地进行视觉传感器的标定实验。

(3)该实验必须由至少两人协助进行,一人操作电脑软件,另一人掌控标靶。

2)注意事项

(1)如果在开放场地进行标定实验,应注意过往车辆及行人,以免发生安全事故。

(2)标定实验需要对标靶及掌控标靶的人员进行拍照,为保证标定效果,在着装上务必选择图案简单、颜色明亮的衣服。

(3)本次实验不会用到工控机,所以在上电时不需要打开工控机电源。

3)系统上电

(1)打开自动驾驶小车尾部的“预充电开关”,使开关的“○”标识朝上,如图 5-14 所示。

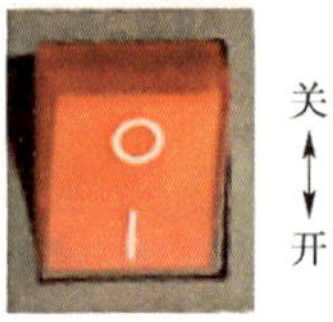

图5-14　预充电开关

(2)在“液晶屏”显示为蓝色背光板时,或打开“预充电”5s 后,将“电源开关”旋转到“开/ON”,随后将预充电开关关闭,如图 5-15 所示。

4)设备连接

(1)使用一条以太网线将视觉传感器与学生电脑进行连接,如果视觉传感器的以太网接口处已经有网线连接,直接将其拔掉并将连接电脑的网线插入即可。

(2)在电脑中打开控制面板,进入网络和 Internet 选项,选择网络和共享中心子选项,进入页面点击“以太网”,如图 5-16 所示。

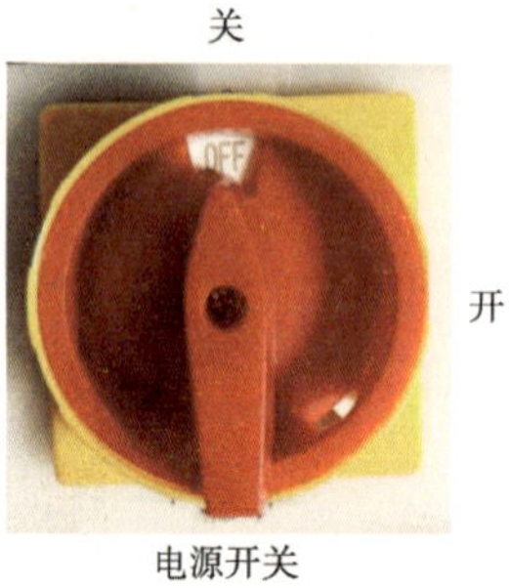

图 5-15　电源开关

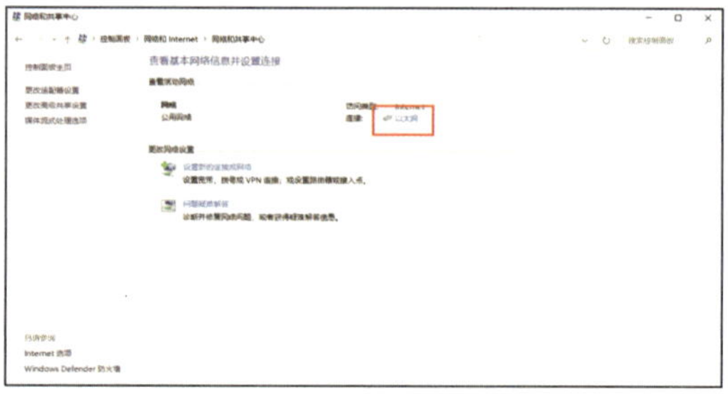
图 5-16　网络和 Internet 选项

(3)点击属性,在项目中选择“Internet 协议版本 4(TCP/IPv4)”并双击。

(4)在弹出的页面中输入填写 IP 地址和子网掩码,如图 5-17 所示,其他的无须填写,点击确定,配置完成。

注意:

①视觉传感器的默认 IP 地址为 192.168.1.251,我们设置的 IP 地址应与设备的 IP 地址网段相同,即前三段数字相同,最后一位数字必须不同,例如 192.168.1.10。

②子网掩码设置成默认的 255.255.255.255。

(5)打开 FieldHelper 软件,输入账号密码登录后,选择设备连接,在弹出的窗口输入设备的默认 IP 地址(192.168.1.251),点击确定,如图 5-18 所示。

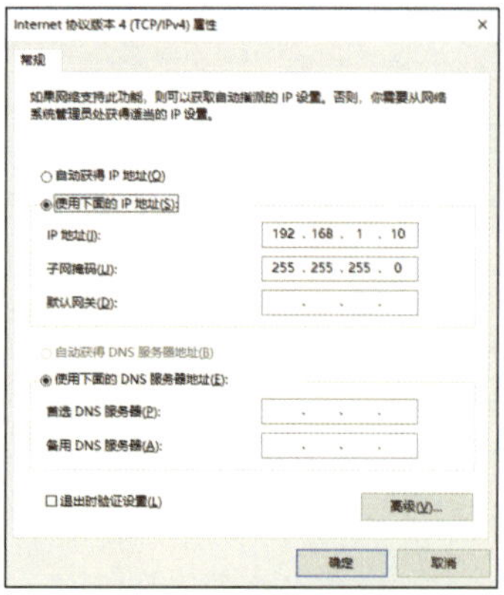

图 5-17　IP 地址和子网掩码

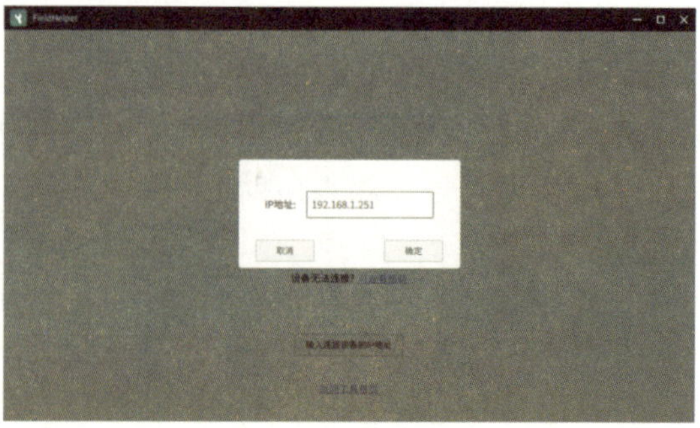

图 5-18　默认 IP 地址

5）视觉传感器的标定

（1）设备连接完成之后，就会进入 FieldHelper 主页，显示设备的型号、序列号、固件类型、设备状态、固件版本，以及显示屏的型号、序列号、固件版本，点击“安装设备”按钮，进入设备安装流程，如图 5-19 所示。

（2）根据相机实际安装位置填写内容，但当测量值小于要求范围的最小值时，填写最小值即可，填写完成之后点击“保存并下一步”，如图 5-20 所示。

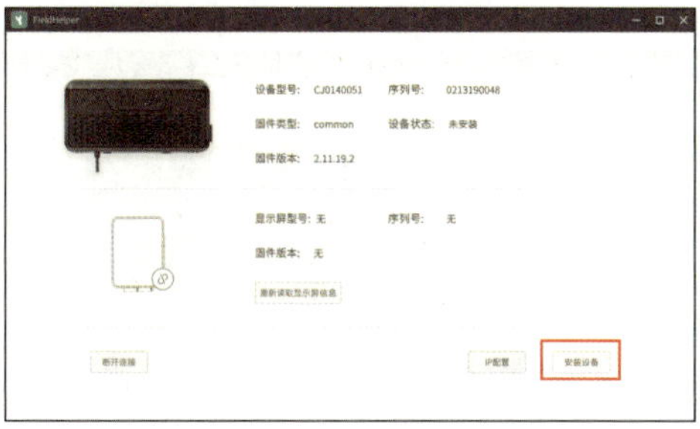

图 5-19　FieldHelper 主页

图 5-20　输入相机实际安装位置

（3）接下来进行相机检测。

①后续步骤均需要用到如下图所示的标靶，如图 5-21 所示。

②操作电脑的学生指挥手拿标靶的学生移动至镜头中红色方框内，直到方框颜色变为绿色，点击拍照，如图 5-22 所示。

③根据提示完成三组照片的拍摄，完成之后会自动进入下一步。

（4）接着便是通信配置，在与第三方设备数据通信接口的下拉菜单中选择“CAN”，剩余选项默认即可，点击保存并下一步。

（5）通信配置完毕后，开始进行“相机校正”，根据相机的规格型号不同，需要在不同的距离进行拍照采集数据。8mm 的相机按照 8m/12m/16m/20m、4mm 相机按 4m/6m/8m/10m 的顺序在相机前十字红框内的地方拍摄四组图像。

图 5-21　标靶

注意：

①本车上采用的视觉传感器为 4mm 相机，应按照 4m/6m/8m/10m 的顺序在相机前十字红框内的地方拍摄四组图像。

②使用卷尺测量标靶到相机的距离，误差要控制在 ±20cm 内。

③同样的，在标定靶的框由红色变为绿色后，点击“拍照”按钮，拍照完成后会自动进入下一步，如图 5-23 所示。

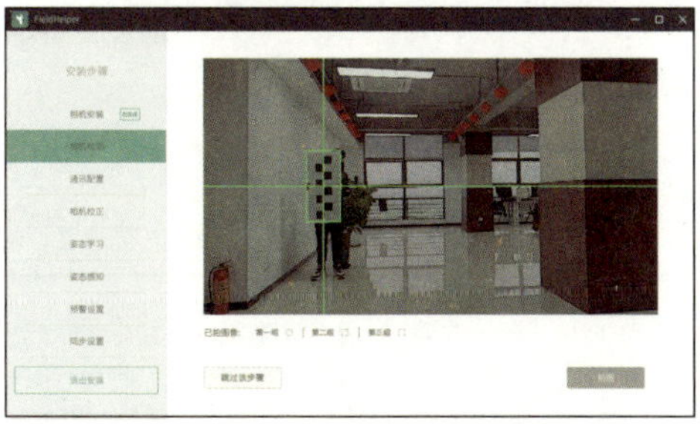

图 5-22　电脑端操作标靶拍照

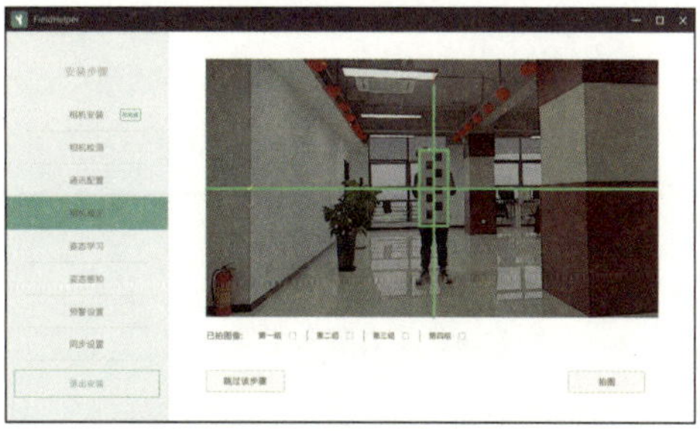

图 5-23　标靶学习拍照

(6)接着进行姿态学习,该步骤共有四种方式,选择“标靶学习”然后点击下一步,如图5-24所示。

(7)根据要求提示完成标靶学习拍照,拍照要求如下:

①标靶与相机的镜头距离,8mm镜头为5m,4mm镜头为2m,本次标定使用的设备为4mm相机,应使标靶距离相机2m的距离。

②将标靶横向举起,使中线尽量与相机视野中黄色的线重合,如图5-25所示。

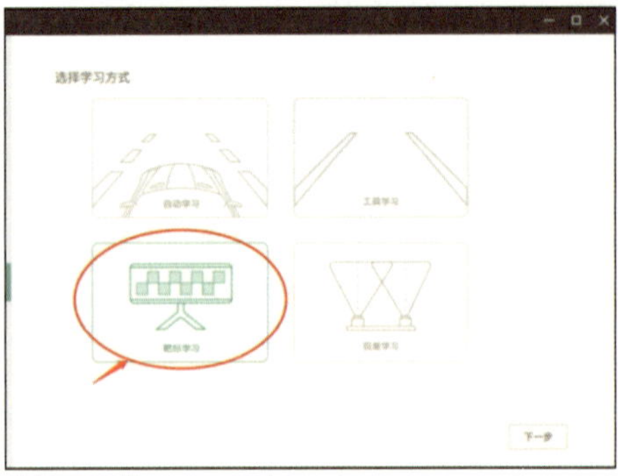

图5-24 标靶学习

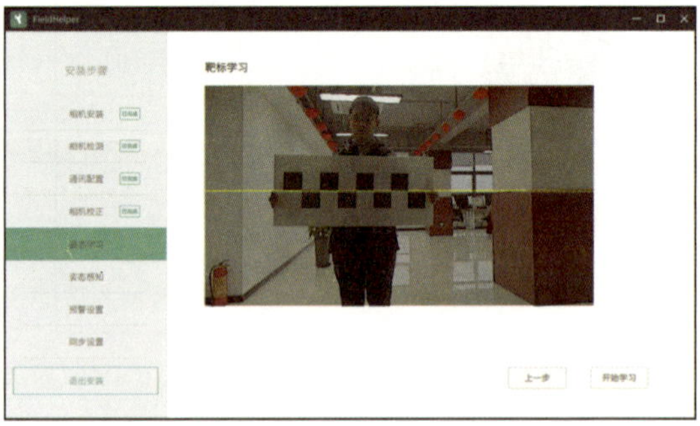

图5-25 标靶学习拍照

③标靶的航向角度偏移小于10°。

④注意此时图像中的黄色横线不会出现变绿色情况,所以只要位置、距离摆放正确即可。

⑤如果学习失败,会有标靶位置不合适等提示,需按照提示修正后重新学习。

⑥学习成功之后会自动进入下一步。

(8)进入姿态感知中,若无特殊需求请勿对此页参数作出修改,直接进入下一步即可,如图5-26所示。

(9)在预警设置中同样保持默认即可,点击“保存并下一步”完成视觉传感器的标定,如图5-27所示。

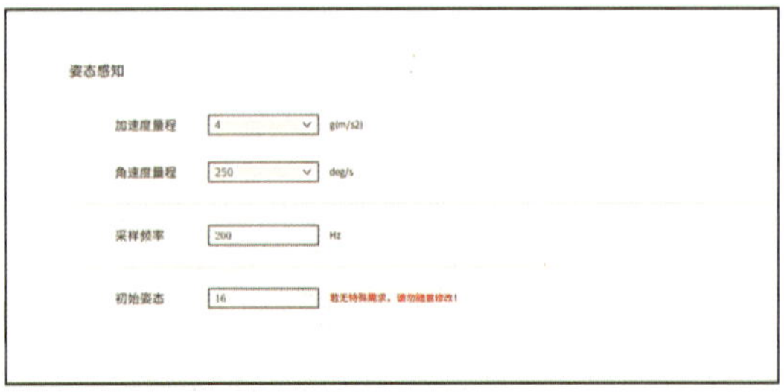

图5-26 姿态感知界面

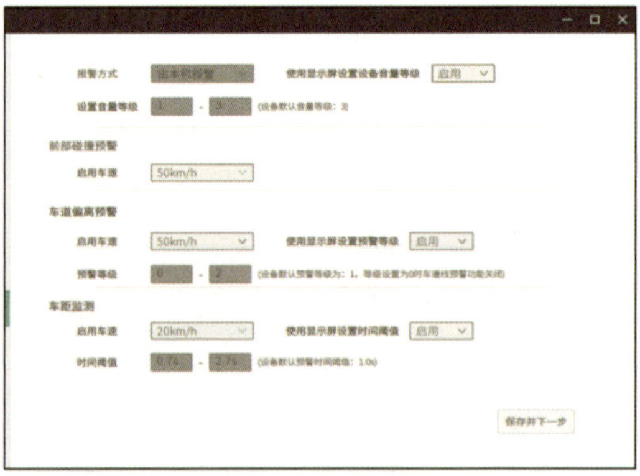

图5-27 预警设置

(10)在弹出设备配置成功的界面后,点击完成,设备将会自动重启,如图5-28所示。

(三)视觉传感器模块应用

1. 任务说明

本任务为通过搭建视觉传感器工作环境,并通过计算机软件获取视觉传感器对目标的测量信息,去了解视觉传感器的组成,以及对目标相对距离、角度、轮廓等信息的测量特点。

图 5-28 配置成功

2. 任务目标

1)知识目标

(1)能正确讲述视觉传感器的工作原理。

(2)能正确讲述视觉传感器的硬件构成。

(3)能正确讲述不同摄像头数量视觉传感器的技术特点(单目、双目、三目)。

2)技能目标

(1)能准确搭建视觉传感器测试硬件。

(2)能完成视觉传感器通信参数设置。

(3)能使用视觉传感器系统对前方目标进行测量。

3)情感目标

(1)树立效率意识、规范意识;强化人际沟通、团队合作的能力。

(2)培养爱岗敬业的职业道德和严谨务实勤劳的工作作风。

(3)利用实训平台进行自主学习,培养制订工作计划、独立决策的能力。

3. 设备及工具

(1)双目视觉传感器 1 套:

①视觉传感器主机 1 台;

②千兆网线 1 条;

③12V 电源线 1 条。

(2)12V 移动电源 1 个:

①额定电压为 12V;

②额定电流大于或等于 5A;

③额定容量大于或等于 10A · h。

(3)笔记本电脑 1 台:

①Windows 10 操作系统;

②具备以太网接口;

③已安装“SmartEye”“fieldhelper”软件。

4. 操作方法及步骤

1)系统组装和上电

在组装和上电的整个操作过程中不能用手及其他硬物等碰触视觉传感器的摄像头部分,以免对视觉传感器造成不可恢复的损伤;不能造成视觉传感器主机激烈振动、抖动、跌落等，这样会损坏主机。

(1)从产品包装中取出视觉传感器配件，如图 5-29 所示。

(2)将视觉传感器主机与笔记本电脑，通过千兆网线进行连接。

(3)确保 12V 移动电源处于关闭状态。

(4)将视觉传感器的 12V 电源线接入 12V 移动电源，确认连接正确后，并打开 12V 移动电源开关。

注意：

①正负极不能接错，否则会烧坏设备；

②注意绝缘，不能短路。

(5)上电 10s 左右后，视觉传感器主机将开始正常工作。

2)配置计算机的以太网

(1)打开计算机的“设置”应用(可以在 Windows 10 操作系统的左下角上搜索框内输入“设置”查找到该应用)，并选择“网络和 Internet”，如图 5-30 所示。

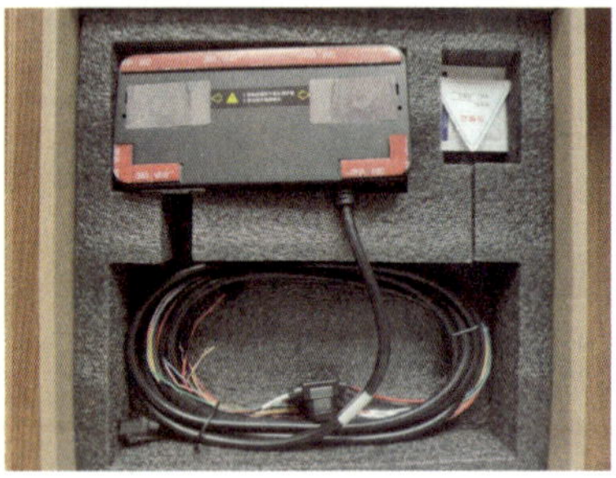

图 5-29　组装前配件

图 5-30　“设置”应用界面

(2)在上一步进入的页面内，点击页面左侧的“以太网”。

(3)选择并点击视觉传感器所连接的“网络”或“以太网”，如图 5-31 所示。

(4)在进入的页面内，找到“IP 设置”内的“IP 分配”内容，并点击“编辑”按钮，如图 5-32 所示。

图 5-31　“以太网”界面

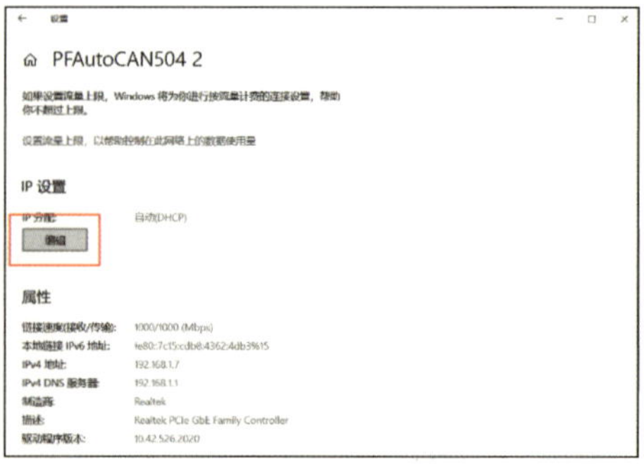

图 5-32　“IP 设置”界面

(5)在弹出的“编辑 IP 设置”中，点击下拉菜单选择“手动”，并打开“IPv4”，如图 5-33 所示。

(6)在“IPv4”中做如下设置(图5-34):

①IP 地址:192.168.1.102。该 IP 地址可以是其他,但是为了保持和激光雷达的通信,建议用该 IP 地址;该 IP 地址必须和视觉传感器处于同一个网段。

②子网前缀长度:24。该数值为默认 24。

③网关:192.168.1.1。该地址需要与计算机 IP 地址在同一网段内,如果有连接路由器,路由器的 IP 地址也需要这样设置。

④首选 DNS:114.114.114.114。该内容可以任意填写 4 个数字,也可以填写网上查询到的常用 DNS 地址。

⑤点击“保存”,保存刚才的设置,此时可以查看到 IP 设置内的 IPv4 地址即为刚刚设置的地址。

图 5-33 “编辑 IP 设置”界面

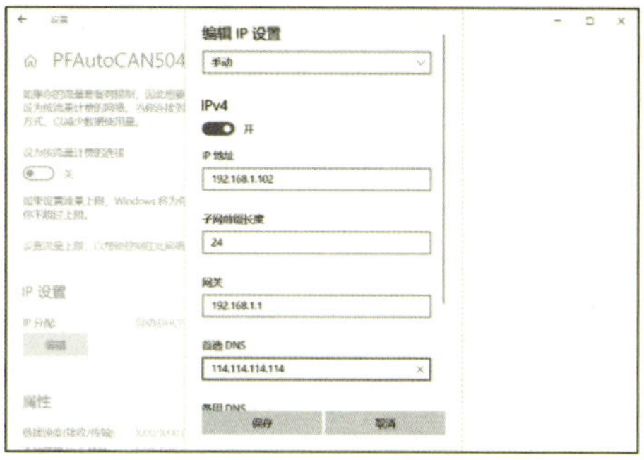

图 5-34 “手动”IP 设置界面

注意:

①计算机软硬件不同,“IP”设置界面可能会有所不同。

②如果出现“无法保存 IP”,则需检查计算机是否有另外的网络(如 Wi-Fi 或其他以太网)接口使用了该 IP 地址;或者同一个局域网内有其他设备使用了该 IP 地址(笔记本电脑通过路由器连接视觉传感器,同时该路由器内有其他设备)。

3)通过测试软件获取视觉传感器测量信号

(1)在电脑桌面左下角的“开始”菜单中,找到“SmartEye”工具软件,如图 5-35 所示。

(2)在软件图标上,点击鼠标左键,打开该软件。

(3)在出现“SmartEye”软件界面后,该软件将会自动寻找局域网内的视觉传感器,如图 5-36 所示。

图 5-35 “SmartEye”软件选择

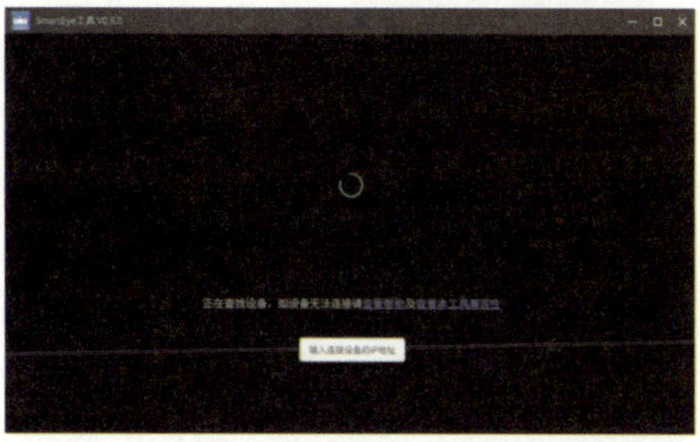

图 5-36 “SmartEye”软件视觉传感器搜索界面

注意:如果不能自动找到视觉传感器,则请点击界面内的"输入连接设备的 IP 地址"按钮,并在弹出对话框中输入"192.168.1.251",手动连接视觉传感器。

(4)当寻找到视觉传感器后,将会自动进入"SmartEye"工具界面,如图 5-37 所示。

(5)在"工具"界面选择"功能演示",将会进入"功能演示"界面,如图 5-38 所示。

图 5-37 "SmartEye"工具界面

图 5-38 "功能演示"界面

(6)此时,可以查看视觉传感器所测量到的不同目标情况,如果识别到了目标,则会显示红色的方框,方框中"Z"后面的数字即代表目标距离视觉传感器的前向距离,X 代表的是纵向距离。

(7)建立合适的测试场景,测试、查看视觉传感器的目标识别特点;人员在视觉传感器前移动,在不同距离情况下,查看其探测效果;查看其盲区情况,在近距离时,探测盲区,在远距离时,探测其对距离的探测精度是否比较准确。

(8)查看该视觉传感器的道路测试视频,观察实际应用效果。

4)了解视觉传感器标定软件的使用

(1)在计算机桌面的"开始"菜单中,找到"fieldhelper"软件。

(2)点击打开该软件,输入账号和密码,并点击确认,如图 5-39 所示。

(3)在输入账号和密码后,将会进入软件主界面,选择并点击"连接设备"按钮。

(4)打开后,该软件将会自动寻找局域网内的视觉传感器,如图 5-40 所示。

图 5-39 "fieldhelper"软件界面

图 5-40 "fieldhelper"软件视觉传感器搜索界面

注意:

①如果不能找到视觉传感器,则请点击界面内"输入连接设备的 IP 地址"按钮,并输入"192.168.1.251",手动连接视觉传感器。

②在该标定软件运行时,不能同时打开 SmartEye 工具软件,否则会造成软件冲突,可能无法连接视觉传感器。

(5)当寻找到视觉传感器后,将会进入“fieldhelper”设备信息界面,如图5-41所示。

注意:

①此步骤谨慎操作,如果该视觉传感器已经被标定过,则需要点击“恢复出厂设置”按钮,恢复出厂设置,并重新标定;

②标定需要专用“标定靶”,两个人配合操作,并在光线充足、视线开阔环境中进行;

③如果该视觉传感器是初次被使用,则具有“设备标定”按钮,点击该按钮进行标定操作;

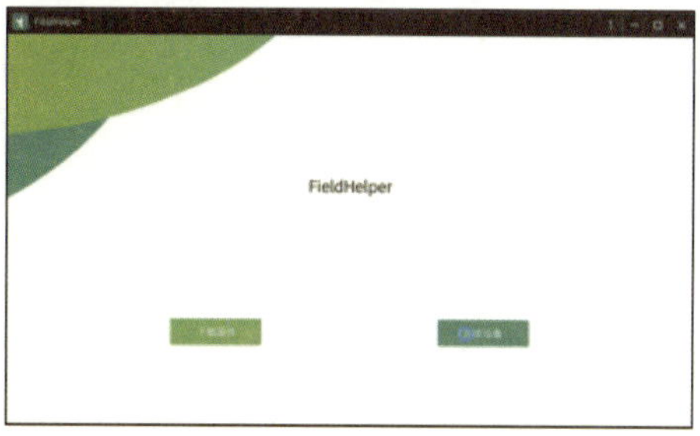

图5-41 “fieldhelper”软件视觉传感器信息界面

④由于视觉传感器的标定在Apollo自动驾驶中会进行,在此不做进一步的标定操作。

技能实训

<table>
<tr><th colspan="7">实训项目 视觉传感器的安装标定</th></tr>
<tr><td>课程名称</td><td colspan="2"></td><td>日期</td><td></td><td>成绩</td><td></td></tr>
<tr><td>学生姓名</td><td colspan="2"></td><td>学号</td><td></td><td>班级</td><td></td></tr>
<tr><td>任务载体</td><td colspan="6">自动驾驶汽车开发平台</td></tr>
<tr><td rowspan="4">任务目标</td><td colspan="6">1. 能正确讲述视觉传感器的工作原理、硬件构成</td></tr>
<tr><td colspan="6">2. 能准确搭建视觉传感器测试硬件</td></tr>
<tr><td colspan="6">3. 能完成视觉传感器通信参数设置</td></tr>
<tr><td colspan="6">4. 能使用视觉传感器系统对前方目标进行测量</td></tr>
<tr><td>项目</td><td colspan="2">步骤</td><td colspan="3">操作记录</td><td>异常描述</td></tr>
<tr><td rowspan="5">1. 系统组装和上电</td><td>1</td><td>从产品包装中取出视觉传感器配件</td><td colspan="3"></td><td></td></tr>
<tr><td>2</td><td>将“视觉传感器主机”与“笔记本电脑”,通过“千兆网线”进行连接</td><td colspan="3"></td><td></td></tr>
<tr><td>3</td><td>确保“12V移动电源”处于关闭状态</td><td colspan="3"></td><td></td></tr>
<tr><td>4</td><td>将视觉传感器的“12V电源线”接入“12V移动电源”,确认连接正确后,并打开“12V移动电源”开关</td><td colspan="3"></td><td></td></tr>
<tr><td>5</td><td>上电10s左右后,视觉传感器主机将开始正常工作</td><td colspan="3"></td><td></td></tr>
<tr><td>2. 配置计算机的以太网</td><td>1</td><td>打开计算机的“设置”应用(可以在Windows10操作系统的左下角上搜索框内输入“设置”查找到该应用),并选择“网络和Internet”</td><td colspan="3"></td><td></td></tr>
</table>

续上表

项目	步骤		操作记录	异常描述
2. 配置计算机的以太网	2	在上一步进入的页面内，点击页面左侧的“以太网”		
	3	选择并点击视觉传感器所连接的“网络”或“以太网”		
	4	在进入的页面内，找到“IP设置”内的“IP分配”内容，并点击“编辑”按钮		
	5	在“IPv4”中设置相关内容		
3. 测试软件获取视觉传感器测量信号	1	在电脑桌面左下角的“开始”菜单中，找到“SmartEye 工具”软件		
	2	在软件图标上，点击鼠标左键，打开该软件		
	3	在出现“SmartEye”软件界面后，该软件将会自动寻找局域网内的视觉传感器		
	4	当寻找到视觉传感器后，将会自动进入“SmartEye 工具”界面		
	5	在“工具”界面选择“功能演示”，将会进入功能演示界面		
	6	查看视觉传感器所测量到的不同目标情况		
	7	建立合适的测试场景，测试、查看视觉传感器的目标识别特点		
	8	查看该视觉传感器的道路测试视频，观察实际应用效果		
4. 了解视觉传感器标定软件的使用	1	在计算机桌面的“开始”菜单中，找到“fieldhelper”软件		
	2	点击打开该软件，输入账号和密码，并点击确认		
	3	在输入账号和密码后，将会进入软件主界面，请选择并点击“连接设备”按钮		
	4	打开后，该软件将会自动寻找局域网内的视觉传感器		
	5	当寻找到视觉传感器后，将会进入“fieldhelper”设备信息界面		

续上表

<table>
<tr><td rowspan="3">小组互评
第____组</td><td>组员学号</td><td></td><td></td><td></td><td></td><td></td></tr>
<tr><td>组员姓名</td><td></td><td></td><td></td><td></td><td></td></tr>
<tr><td>互评分</td><td></td><td></td><td></td><td></td><td></td></tr>
<tr><td>教师考核</td><td colspan="6"></td></tr>
</table>

思考与练习

一、选择题

1. 视觉传感器包括(　　)。

A. 单目摄像头　B. 双目摄像头　C. 三目摄像头　D. 环视摄像头

2. 使用视觉传感器可以实现(　　)。

A. 车辆检测　B. 行人检测　C. 交通标志识别　D. 交通信号灯识别

二、判断题

1. 视觉传感器不可以识别交通标志。　(　　)
2. 仅使用单目视觉就可以获得距离信息。　(　　)
3. 双目相机基线越大,可检测的距离越远。　(　　)
4. 信噪比是噪声电压与信号电压的比值。　(　　)
5. 信噪比越大,图像质量越好。　(　　)
6. 在视觉传感器中,单位时间内采集的图像数量越多,帧率越小。　(　　)

三、简答题

1. 视觉传感器的特点是什么?
2. 双目摄像头的特点是什么?
3. 视觉传感器的主要参数指标有哪些?
4. 简述视觉传感器的安装标定。

模块六 定位与惯性导航传感器原理、安装与标定

学习目标

▶ 知识目标

1. 了解 GPS、惯性导航系统原理。
2. 了解差分 GPS 定位原理和特点。

▶ 技能目标

1. 掌握组合导航系统优点、硬件安装方法。
2. 掌握组合导航系统 GPS 定位、RTK 定位设置方法。
3. 掌握通过计算机软件获取组合导航系统的高精度定位信息、姿态信息的方法。

建议课时

10 课时

一 全球定位系统(GPS)

GPS 卫星组的 24 颗卫星在离地面 2.02 万 km 的高空，以 12h 的周期环绕地球运行，使得在任意时刻，用户在地面上的任意一点都可以同时观测到 4 颗以上的卫星。GPS 结构示意图如图 6-1 所示。

图 6-1 全球定位系统(GPS)结构示意图

(一)GPS 原理

GPS 采用卫星基本三角定位原理，以 GPS 接收装置测量无线电信号的传输时间来测距离。由于每颗卫星的位置精确可知，在 GPS 观测中，可得到每颗卫星到接收机的距离，利用三维坐标中的距离公式，以及 3 颗卫星，就可以组成 3 个方程式，解出观测点的位置坐标(X,Y,Z)。考虑到卫星的时钟与接收机时钟之间存在的误差，实际上有 4 个未知数，X、Y、Z 和钟差，因而需要引入第 4 颗卫星，形成 4 个方程式进行求解，从而得到观测点的经纬度和高程，如图 6-2 所示。

事实上,接收机往往可以锁住4颗以上的卫星,这时,接收机可将卫星按卫星的星座分布分成若干组,每组4颗,然后通过算法挑选出误差最小的一组用作定位,从而提高精度。

由于卫星运行轨道、卫星时钟存在误差,大气对流层、电离层对信号存在影响,使得民用GPS的定位精度只有最多5m。

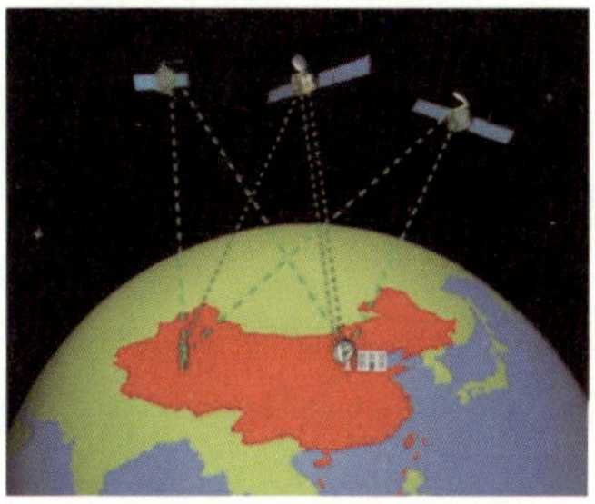

图6-2 三角定位原理图

(二)GPS特点

(1)能全球、全天候实现实时定位。

(2)覆盖范围广,能覆盖全球98%的范围。

(3)定位精度高。相对精度可达6~10m。

(4)观测时间短,静态定位观测效率高。

(5)可提供全球统一的三维地心坐标,可同时精确测定用户位置和高程。

(6)应用广泛。

GPS定位在使用中有着成本低的优势;但需要在天空无遮挡环境下才能定位,且定位精度仅为米级,有待进一步提高至厘米级。

二 RTK(实时动态)定位技术(差分GPS)

为提高GPS定位精度,通常采用差分GPS技术,差分GPS通常包括位置差分和距离差分。其中距离差分又分为两类,即伪距差分和载波相位差分。RTK(Real-Time Kinematic)技术就是采用实时动态载波相位差分技术。如百度、小马等公司产品均采用这项技术。RTK技术是实时处理两个基准站载波相位观测量的差分方法,即将基准站采集的载波相位发送给用户接收机,通过求差解算得到坐标,如图6-3所示。

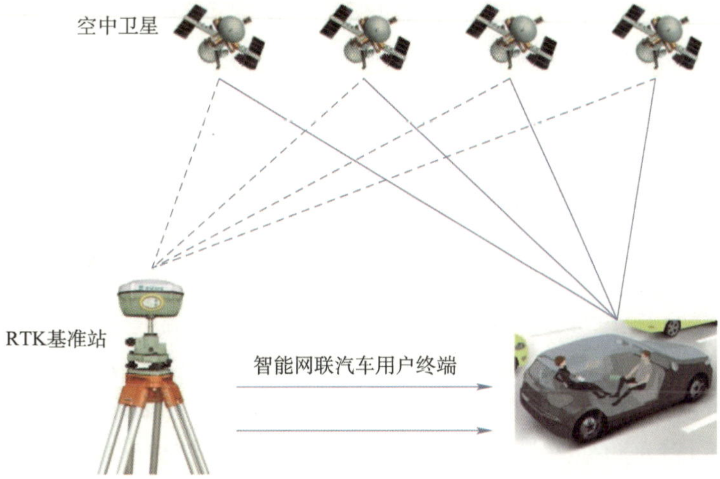

图6-3 RTK定位技术

差分 GPS 技术，通过建立基准站（固定站）进行 GPS 观测，利用已知的基准站精确坐标，与观测值进行比较，从而得出一修正数，并对外发布。流动站（移动站，如无人驾驶汽车）收到该修正数后，与自身的观测值进行比较，消去大部分误差，得到一个比较准确的位置。实验表明，利用差分 GPS，定位精度可提高到厘米级。

在 RTK 定位模式下，基准站通过数据链将其观测值和基准站坐标信息，一起传送给流动站。流动站不仅通过数据链接收来自基准站的数据，还要采集 GPS 观测数据，并在系统内组成差分观测值进行实时处理，同时给出厘米级定位结果，历时不足 1s。流动站可处于静止状态，也可处于运动状态；可在固定点上先进行初始化后再进入动态作业，也可在动态条件下直接开机，并在动态环境下完成整周模糊度的搜索求解。在整周模糊度解固定后，即可进行每个历元的实时处理，只要能保持 4 颗以上卫星相位观测值的跟踪，和必要的几何图形，则流动站可随时给出厘米级定位结果。

RTK 定位优缺点如下：

(1)需要使用 GPS 卫星信号进行定位。

(2)定位精度非常高。

(3)需要移动站和基准站进行实时通信。

(4)基准站距离移动站距离不能太远（最好 5km 以内）。

(5)使用成本较高。

三 组合导航技术

(一)GPS

GPS 是一种相对精准的定位传感器，能为车辆提供精度为米级的绝对定位，差分 GPS 更可以为车辆提供精度为厘米级的绝对定位，但 GPS 的更新频率低（10Hz），在车辆快速行驶时很难给出精准的实时定位。在隧道或者建筑物遮挡严重的区域，也不能实时获得良好的 GPS 信号。因此，必须借助其他传感器来辅助定位，增强定位的精度，其中最常用的就是惯性传感器（Inertial Measurement Unit, IMU）。

(二)惯性导航系统

惯性导航系统（Inertial Navigation System，INS）是以陀螺仪和加速度计为敏感器件的导航参数解算系统，该系统根据陀螺仪的输出建立导航坐标系，根据加速度计输出解算出运载体在导航坐标系中的速度和位置。

惯性导航系统也称作惯性参考系统，是一种不依赖于外部信息、也不向外部辐射能量（如无线电导航那样）的自主式导航系统。其工作环境不仅包括空中、地面，还可以在水下。惯性导航的基本工作原理是以牛顿力学定律为基础，通过测量载体在惯性参考系中的加速度，将它对时间进行积分，且把它变换到导航坐标系中，就能够得到在导航坐标系中的速度、偏航角和位置等信息。

(三)组合导航

组合导航是以计算机为中心,将多个导航传感器的信息加以综合和最优化数学处理,然后综合输出导航结果。组合导航是近代导航理论和技术发展的结果,每种导航系统都有各自的独特性能和局限性。把几种不同的系统组合在一起,就能利用多种信息源,互相补充,构成一种有冗余度和导航准确度更高的多功能系统。因此,将惯性导航、无线电导航、天文导航或卫星导航等两种或多种系统组合在一起,形成的综合导航系统,称为组合导航系统。

惯性导航系统(INS)能够提供移动载体的实时位置和姿态信息,是完全自主的导航方式,但是INS导航定位误差随时间累加而越来越大。20世纪末发展起来的GPS具有定位和测速精度高的优势,且基本不受时间、地区的限制,已经得到了广泛应用。但是,在卫星信号受到屏蔽或遮挡时,接收机就无法定位。两者的组合不仅可以充分发挥各自的优势,而且随着组合程度的加深,GPS/INS组合系统的总体性能不低于各自独立系统,如图6-4所示。

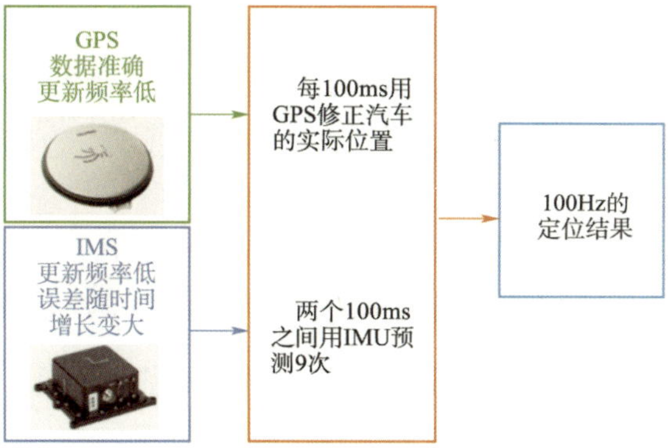

图6-4 GNSS/INS组合

惯性传感器IMU相对于GPS来说,虽然定位误差会随着运行时间增长而增大,但由于其是高频传感器,在短时间内可以提供稳定的实时位置更新。因此我们可以将两种传感器信号进行融合,各取所长,兼具两种传感器的优点,通过组合导航就可以得到比较实时与精准的定位。

1. 卫星组合导航的优点

(1)极大地丰富了卫星信号源,增加了观测量,提高了卫星星座的几何结构和导航定位的精确性。

(2)弥补了单一卫星信号体制的人为干扰和欺骗,多卫星信号组合更容易探测和诊断某类卫星信号的干扰和欺骗,并及时予以排除,提高了导航系统的安全性。

(3)多导航卫星信号误差具有互补性,可以弥补单一卫星信号的系统误差(单一卫星导航系统易受卫星轨道误差、卫星钟差等系统误差影响,在多种卫星体制中,单一卫星的系统误差有可能成为偶然误差,各类卫星的系统误差具有相互抵偿性)。

2. GNSS/INS 组合的优点

GNSS/INS 组合导航可以控制 INS 误差积累，降低系统对惯性器件精度的依赖，进而降低整个系统成本；可发现并标校惯导系统误差，提高导航精度；可弥补卫星导航的信号缺损问题，提高导航连续性；可提高卫星导航载波相位的模糊度搜索速度，提高导航信号周跳的检测能力，提升组合导航可靠性；可提高接收机对信号的捕获能力，提高导航效率；可增加观测冗余度，提高异常误差的监测能力，以及提高系统的容错能力；可提高导航系统的抗干扰、抗欺骗能力，提高系统完好性。

四 组合导航的安装标定

(一)组合导航安装

1. 任务说明

通过安装组合导航，使组合导航能够获取高精度实时定位信息，了解对位置、速度、姿态的测量，熟悉组合导航的安装步骤以及安装注意事项。

2. 任务目标

1)技能目标

(1)能够进行组合导航的正确安装。

(2)掌握组合导航安装注意事项。

2)情感目标

(1)树立效率意识、规范意识；强化人际沟通、团队合作的能力；

(2)利用实训平台进行自主学习，培养制订工作计划、独立决策的能力。

3. 设备及工具

(1)组合导航 1 套。

(2)自动驾驶小车教学平台 1 套。

(3)安装工具 1 套。

4. 实验内容和步骤

(1)取出组合导航，如图 6-5 所示。

(2)安装蘑菇头天线，如图 6-6 所示。

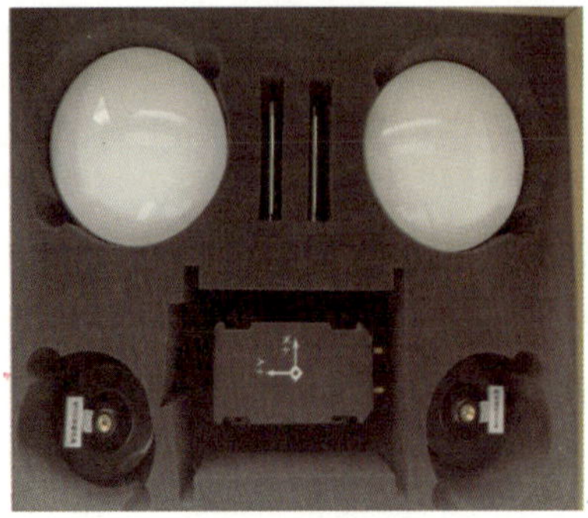

图 6-5 组合导航

图 6-6 安装蘑菇头天线

(3)测量、调整蘑菇头天线的距离和水平位置,如图6-7所示。测量和调整参数见表6-1。

(4)安装组合导航主体,如图6-8所示。安装数据参考见表6-2。

测量调整参考表 表6-1

序号	项目	参考数据
1	蘑菇头天线安装间距	1m
2	蘑菇头天线安装位置	两个天线在同一直线上

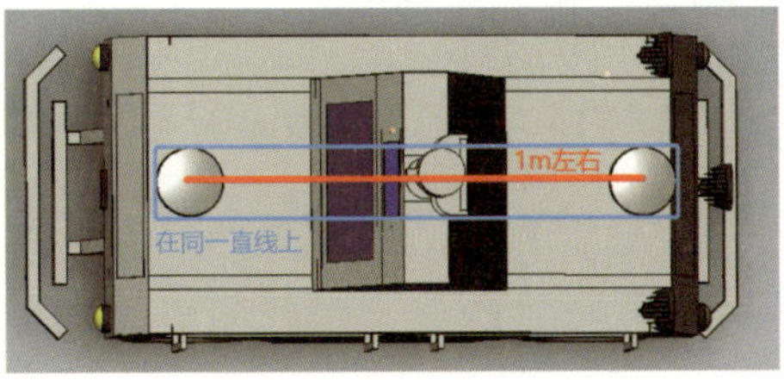

图6-7 蘑菇头天线安装位置

图6-8 组合导航主体安装位置

注意:

①蘑菇头天线安装位置为车辆前后端;

②蘑菇头天线安装位置应无遮挡;

③组合导航主体安装角度为水平面安装,无倾斜角。

安装数据参考表 表6-2

序号	项目	参考数据
1	蘑菇头天线安装位置	车辆前后端
2	蘑菇头天线安装环境	周围无遮挡
3	组合导航主体安装角度	平行于水平线

(二)组合导航模块应用

1. 任务说明

本次任务为通过搭建组合导航系统工作环境,去了解组合导航系统的硬件组成,以及应用环境要求;通过计算机软件,获取高精度实时定位信息,了解对位置、速度、姿态的测量特点。

2. 任务目标

1)知识目标

(1)能正确讲述GPS工作原理。

(2)能正确讲述RTK定位系统工作原理。

(3)能正确讲述IMU定位工作原理。

(4)能正确讲述组合导航系统工作原理。

(5)能正确讲述组合导航系统硬件构成。

2)技能目标

(1)能准确搭建组合导航系统硬件。

(2)能完成组合导航系统 GPS 定位设置。

(3)能完成组合导航系统 RTK 定位设置。

(4)能通过计算机软件,获取组合导航系统的高精度定位信息、姿态信息。

3)情感目标

(1)树立效率意识、规范意识;强化人际沟通、团队合作的能力。

(2)培养爱岗敬业的职业道德和严谨务实勤劳的工作作风。

(3)利用实训平台进行自主学习,培养制订工作计划、独立决策的能力。

3. 设备及工具

(1)Newton-M2 组合导航系统 1 套:

①组合导航主机 1 台;

②三星七频蘑菇头天线 2 套;

③组合导航线束 1 条;

④天线延长线 2 条;

⑤固定天线用的平台 1 个(这里使用无人车支架)。

(2)笔记本电脑 1 台:

①Windows 10 操作系统;

②具备 USB 接口、以太网接口;

③已安装"组合导航上位机"软件。

(3)全网通 4G 路由器 1 套:

①4G 路由器主机 1 台;

②千兆网线 2 条;

③12V 电源线 1 条。

(4)手机 SIM 卡 1 张:

①未设置 PIN 码;

②无欠费;

③Nano 尺寸。

(5)12V 移动电源 1 个:

①额定电压为 12V;

②额定电流大于或等于 5A;

③额定容量大于或等于 10A·h。

(6)RTK 账号 1 个:

①千寻位置服务。含账号、密码、IP、端口、挂载点信息,需要在服务期内。

②自建基站。需要在基站 5km 半径范围内,基站需要连接互联网。

4. 操作方法及步骤

1)系统组装步骤及注意事项

(1)取出2套三星七频蘑菇头天线,将天线、支撑柱、磁性吸盘组装在一起,如图6-9、图6-10所示。

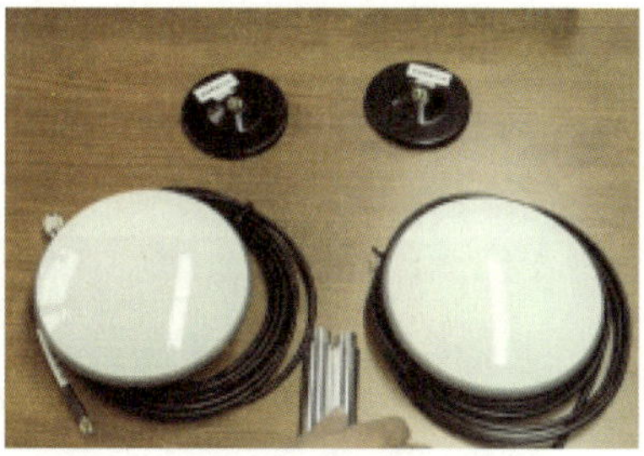

图6-9 蘑菇头天线组装前

图6-10 蘑菇头天线组装后

(2)将2条天线延长线与蘑菇头天线进行连接,如图6-11、图6-12所示。

图6-11 天线延长线组装前

图6-12 天线延长线组装后

(3)将天线延长线的另外一端接入"组合导航系统主机"上的天线接口,如图6-13、图6-14所示。

图6-13 组合导航系统主机组装前

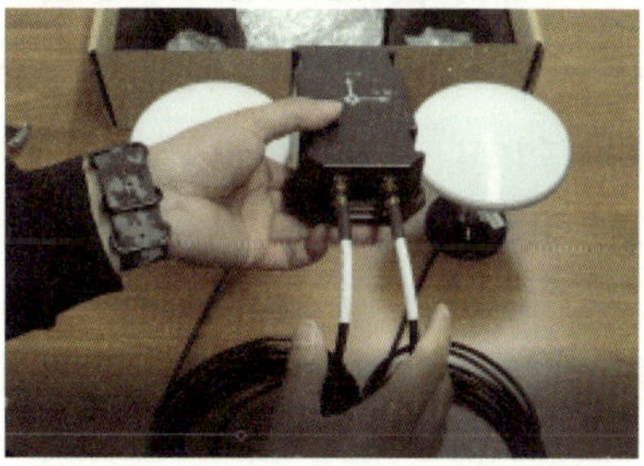

图6-14 组合导航系统主机组装后

注意:

①组合导航主机上天线接口旁的"PRI",表示的是该接口为主天线接口,定位时以该接口接收定位信号;

②"SEC"是从天线接口,定位时以该接口接收定向信号,用于辨识车头的朝向。

(4)将两根天线一前一后固定到自动驾驶小车上,如图6-15所示。

注意：

①天线摆放位置尽量不要被车身上物体所遮挡；

②自动驾驶小车周围尽量无建筑物遮挡，尽量在空旷地带进行实验，否则可能无法定位；

③在室内无法进行 GPS 定位，仅可以获取到组合导航系统“姿态”变化。

（5）将线束插入组合导航主机，并用螺丝刀锁紧固定螺钉，如图 6-16、图 6-17 所示。

图 6-15　安装好的天线（前为从天线，后为主天线）

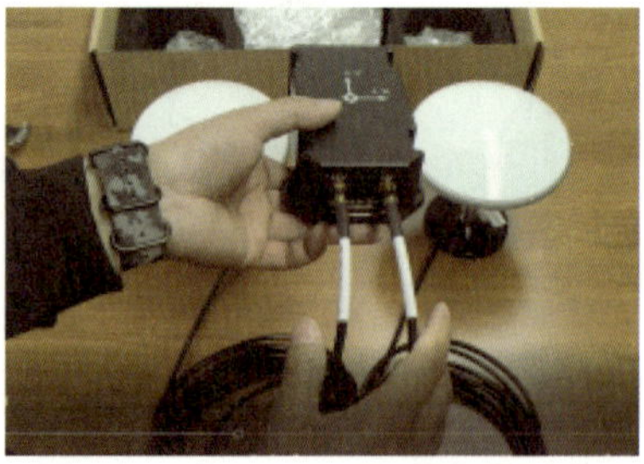

图 6-16　线束插入组合导航主机前

（6）将组合导航线束的 USB 插头插入笔记本电脑的 USB 接口，如图 6-18 所示。

图 6-17　线束插入组合导航主机后

图 6-18　USB 接口

2）上电和安装 USB 驱动

（1）确认 12V 移动电源为关闭状态。

（2）将线束上 12V 电源的鳄鱼夹接入 12V 移动电源，如图 6-19、图 6-20 所示。

注意：

①正负极不能接错，否则会烧坏设备。

②注意绝缘，不能短路。

（3）打开 12V 移动电源开关，对主机供电。

（4）打开计算机的“设备管理器”，查看“COM”设备，看是否有新增的 COM 设备，该设备的序号即为主机的 COM 序号，如图 6-21 所示。

备注：

①主机是通过 USB 转串口方式接入的，所以会是“COM”序号；

②计算机软硬件不同，“设备管理器”界面、COM序号可能会有所不同；

③如果无新的“COM”设备出现，则可能是组合导航系统未供电；

④如果插入USB后未出现COM设备，或设备前面有“感叹号”标识，则需要重新插拔USB，直到显示为正常的COM设备为止；

⑤如果出现“未知设备”，则需要将计算机连接互联网，采用“自动搜索驱动程序”方式安装该USB驱动。

图6-19 电源连接前

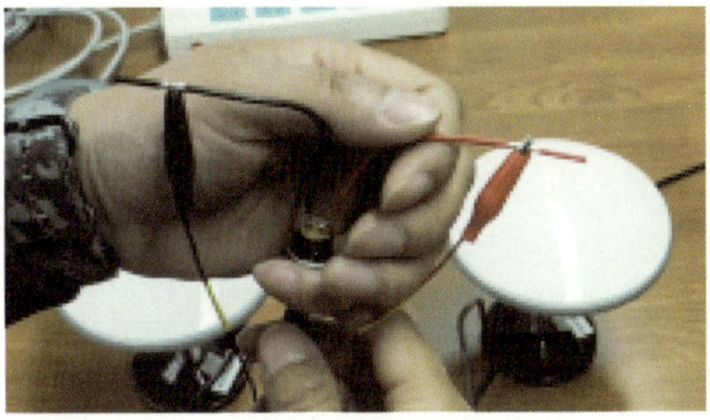

图6-20 电源连接后

3）通过测试软件获取定位信息

（1）鼠标双击“组合导航”软件图标，打开上位机软件，如图6-22所示。

图6-21 计算机“设备管理器”界面

图6-22 软件主界面

备注：

该软件是星网宇达公司通用的产品软件，所以针对M2组合导航系统应用时，会有一定功能受限。

（2）点击软件界面左侧的“连接设备”选项卡，设置“串口号”为之前获取到的COM序号。

备注：

①串口号是“设备管理器”查看到的“COM”序号，不同的电脑可能会有所不同；

②如果先打开“组合导航”软件，后插入组合导航线束的USB接口到计算机，则“串口号”内将无串口可选，或无法选择到组合导航的串口；

③如果先打开“组合导航”软件，后对组合导航系统供电，则“串口号”内将无串口可选，或无法选择到组合导航的串口。

（3）点击图6-23中的“打开串口”按钮，打开串口。

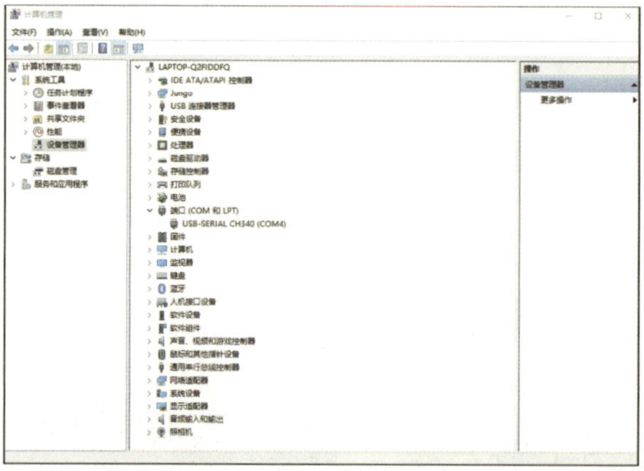

图 6-23 “连接设备”选项卡界面及设置“串口号”(1)

(4)点击软件界面左侧的“设备配置”选项卡,并选择下一级的“导航模式配置”选项卡。

(5)在“导航模式配置”选项卡页面内勾选以下选项:

①“粗对准 On”;

②“精对准 On”;

③“动态对准 On”;

④“车载模式 On”;

⑤“GNSS 模式 Double”;

⑥固件索引 1。

(6)在“导航模式配置”选项卡页面内点击“保存”按钮,保存刚刚的选项,该配置将会发送到“主机内”。

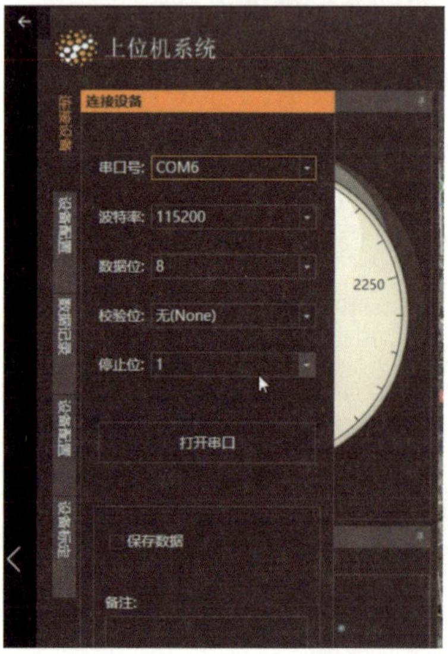

图 6-24 “连接设备”选项卡界面及设置“串口号”(2)

(7)断开主机电源(断开电源正极的鳄鱼夹),等待 5s 左右,再次对主机供电。

(8)点击“连接设备”选项卡中的“打开串口”,重新打开串口通信,如图 6-24 所示。

(9)在软件下侧的“命令”输入框内输入“ $ cmd,output,usb0,gpfpd,0. 1 * ff”命令,并点击“发送”按钮,如图 6-25 所示。

(10)在发送窗口上方的“控制台”窗口(图 6-25),将会持续更新 GPS 状态、IMU 状态等的原始信息。

(11)有 IMU 的“姿态”信息也会显示在原始数据中,可以通过前后左右倾斜主机,查看数据变化情况。

(12)在户外空旷环境中,GPS 可以很快进行定位,并输出有效的单点定位信息,如图 6-26 所示。

(13)此时在主界面的“卫星”窗口中,将会显示 2 个天线所收到的卫星数,如图 6-27 所示。

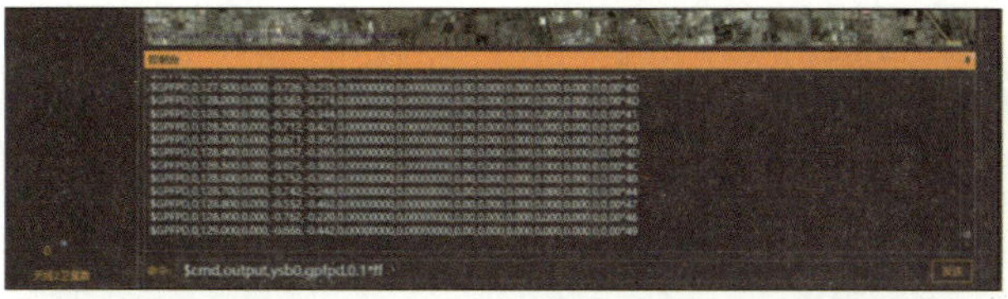

图 6-25　“命令”输入框及“控制台”窗口

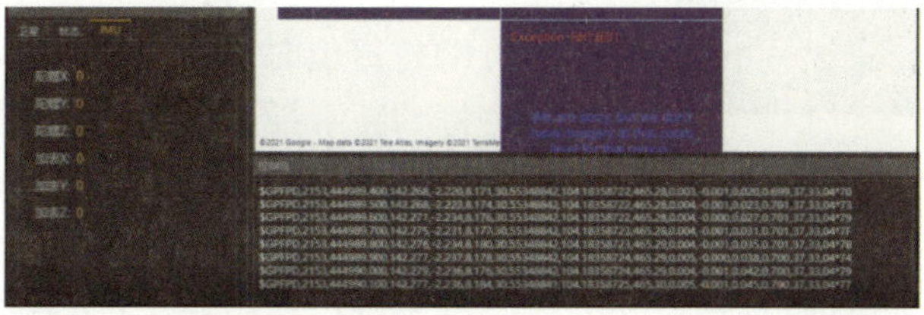

图 6-26　“控制台”窗口内的“姿态”数据、GPS 定位数据(单点定位)

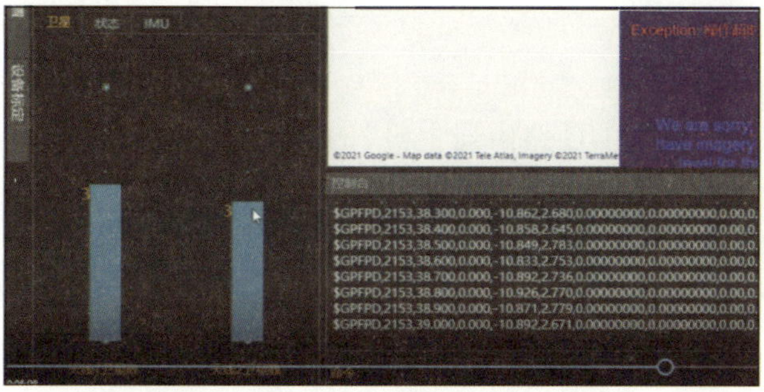

图 6-27　“卫星”窗口显示内容示例

备注:

①该数量为收到的有效定位卫星类型数量,如收到的是 GPS、北斗、GLONASS 中的几种类型;

②如果没有收到其中一些卫星类型的“有效”定位信号,将不会显示该类型卫星“数量”,数量将会是 2、1 或者 0;

③在卫星信号遮挡严重时,虽然有收到多个卫星的信号,但是无法完成“有效”定位,卫星数量会显示为 0,也不会输出“单点定位”数据。

(14)在主界面的“状态”窗口,将会显示定位状态,如图 6-28 ~ 图 6-30 所示。

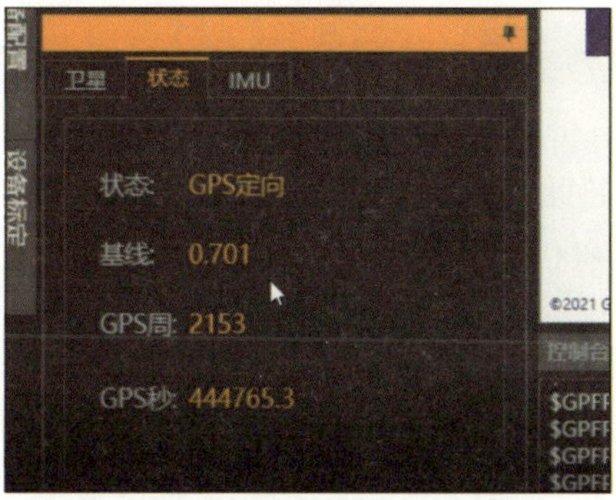

图 6-28　“状态”窗口显示 GPS 定向

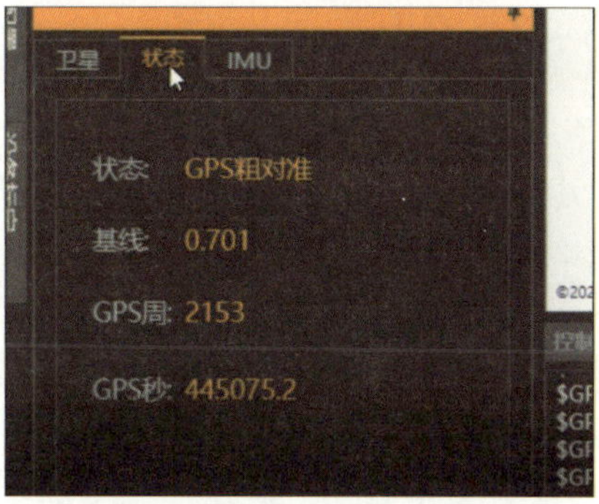

图 6-29　“状态”窗口显示 GPS 粗对准

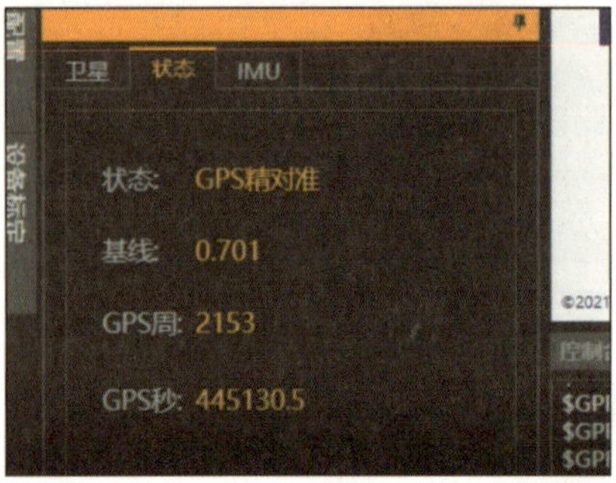

图 6-30 “状态”窗口显示 GPS 精对准

备注:

①在无 RTK 定位时,“状态”显示的是“GPS 定向”;

②“基线”是指 2 个 GPS 天线之间的距离,单位为“米”。

4)RTK 定位配置及实现

(1)RTK 定位时,组合导航系统需要连接互联网。

(2)将 SIM 卡插入 4G 路由器主机的卡槽内。

(3)将组合导航线束中的网口,通过“千兆网线”与“4G 路由器主机”连接。

(4)将笔记本电脑的网口,通过“千兆网线”与“4G 路由器主机”连接。

(5)将笔记本电脑的“以太网”接口设置为“自动获取 IP”;电脑不同,设置以太网接口为自动获取 IP 地址的方式不同。

(6)对 4G 路由器主机供电。

(7)使用笔记本电脑获取“4G 路由器主机”的 IP 地址,并记录。

备注:

①路由器不同,获取路由器 IP 地址的方式不同;

②图 6-31 为电脑自动弹出的路由器配置界面,此时的“网址”中有路由器的 IP 地址。

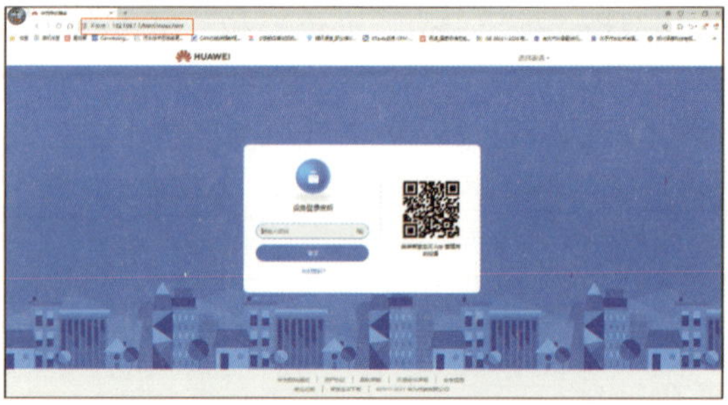

图 6-31 路由器配置界面

(8)在“组合导航”软件的“设备配置”界面,“10. 网口参数设置”栏内设置以下内容:

①本地网关设为 192,168,1,1(此地址为示例,需要填写上一个步骤获取到的路由器 IP 地址);

②本地 IP 地址设为 192,168,1,200(这里填写组合导航的 IP 地址,可以自己定义,但是需要和“本地网关”在同一网段内,即 IP 地址前三个数相同,在这里即“192. 168. 1. ”相同);

③本地子网掩码设为 255,255,255,255(按照此默认内容填写即可);

④网络服务器地址、端口设为 60,205,8,49:8002;

⑤用户名/密码分别为 qxthrf001/ac6fbaa;

⑥挂载点设为 RTCM30_GG。

备注:

①“网络服务器地址、端口”“用户名/密码”“挂载点”为购买千寻位置服务后得到的

RTK 账号信息(或成都盘沣科技有限公司为用户自建基站后给出的 RTK 账号信息),以上仅做示例,无法使用;

②IP 地址中间,以及 IP 地址和端口号之间以“,”(英文输入法的“逗号”)分开,而不是平时常用的“.”号分开;

③账号和密码中间以“:”(英文输入法的“冒号”)分开。

(9)在上一步的信息填写完成后,点击“应用”按钮,保存设置到“组合导航主机”内。

(10)断电并重新启动“组合导航系统”,系统即可以 RTK 定位模式工作。

(11)重启后,GPS 将在一段时间内无法定位,此时“控制台”窗口内显示的定位数据会全部是“0”,如图 6-32 所示。

图 6-32 无法定位时的定位数据

(12)在“卫星”数量不为“0”时,也需要一定的时间进行定位,此时显示的定位数据也会是“0” ,如图 6-33 所示。

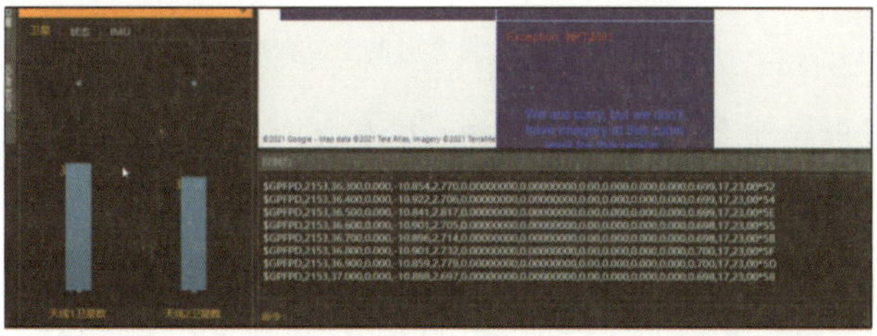

图 6-33 卫星数量不为“0”时可能的定位数据

(13)在“状态”窗口内的“状态”为“GPS 粗对准”时,此时的数据将会有粗对准数据输出,粗对准数据不为 0,而精对准数据为 0,如图 6-34 所示。

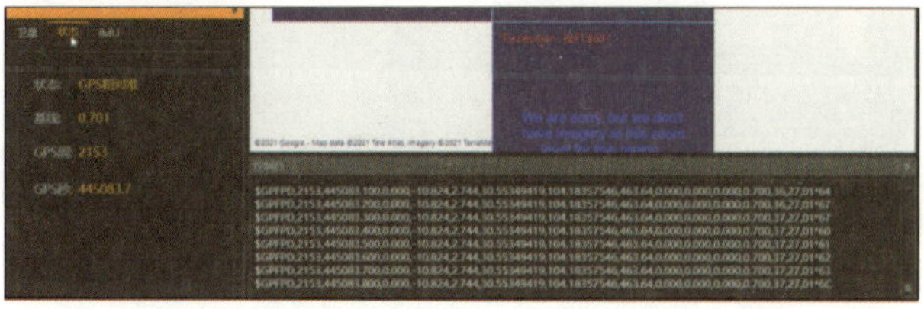

图 6-34 “状态”为“GPS 粗对准”时的定位数据

随着 RTK 定位起作用,“状态”窗口内的“状态”将会变成“GPS 精对准”,此时精对准数据不为 0;不同位置时的定位数据,如图 6-35 所示。

尝试移动车辆位置,观察定位数据前后变化情况,并对比“粗对准”“精对准”数据内容,如图 6-36、图 6-37 所示。

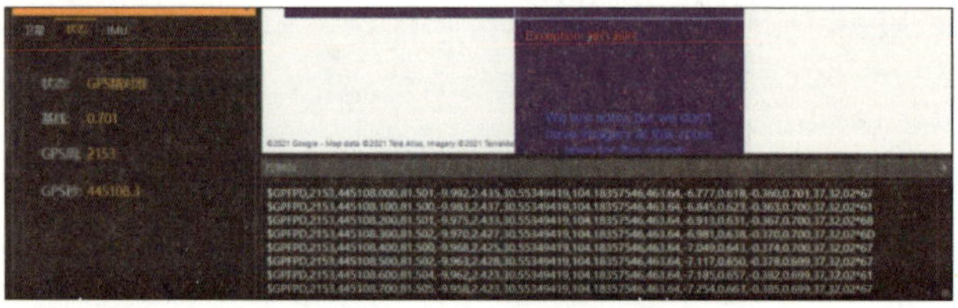

图 6-35 “状态”为“精对准”时的定位数据

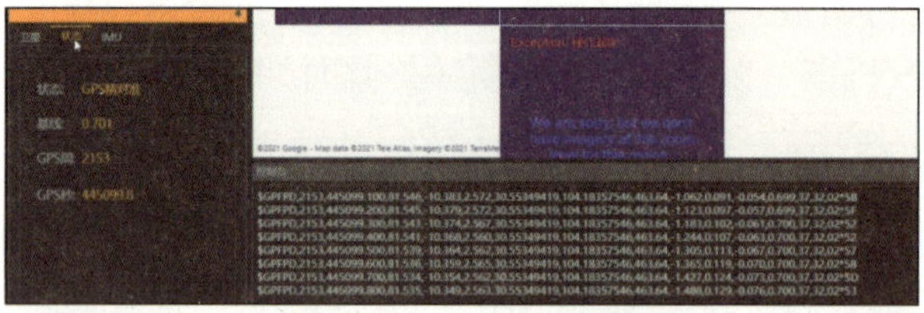

图 6-36 位置 1 时的定位数据

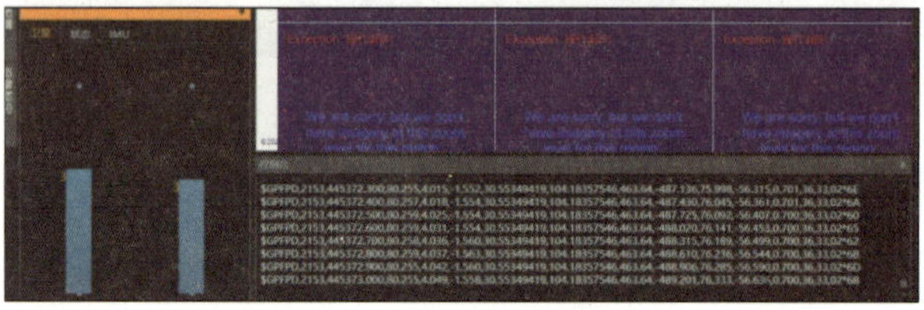

图 6-37 位置 2 时的定位数据

(14)尝试改变组合导航系统主机的姿态(左右、前后摆动),查看“姿态”窗口内数据的变化;不同“姿态”时的姿态数据,如图 6-38 ~ 图 6-41 所示。

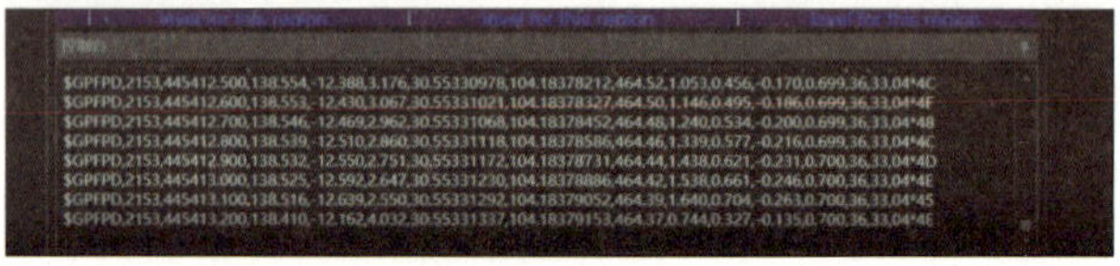

图 6-38 姿态 1(前倾)和数据

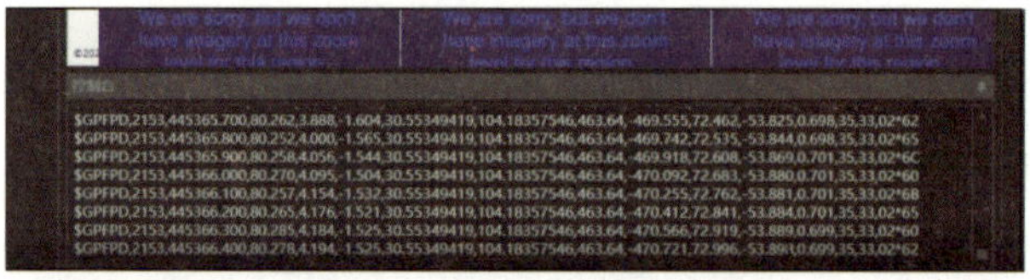

图 6-39 姿态 2(后倾)和数据

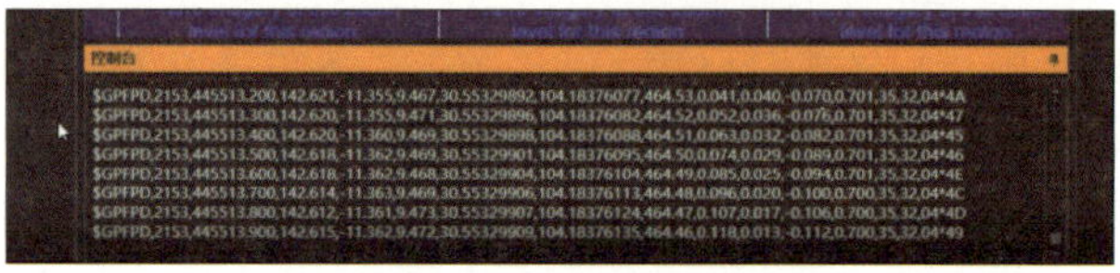

图 6-40 姿态 3(左倾)和数据

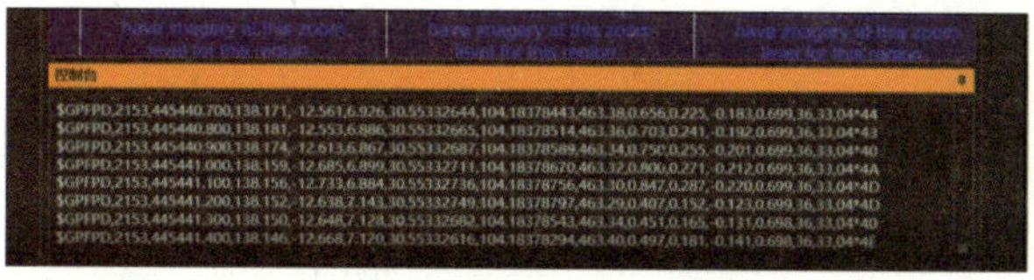

图 6-41　姿态 4(右倾)和数据

5)注意事项

(1)由于是通用软件原因,测试软件中“姿态”图标,不会随着主机的姿态变化而变化,但是数值会变化。

(2)“速度”值需要定位一定时间后才准确。

(3)卫星信号需要在空旷地带才能获取到,建议将天线放置于空旷地带。

(4)如果是将天线放置在室内,即便工作了一定时间,“卫星数”可能仍然为 0。

(5)请勿随意配置其他内容。

(三)组合导航系统配置

1. 任务说明

本次任务为操作 ubuntu 系统下的配置软件、终端、Apollo 无人驾驶界面,实现对组合导航系统的通信接口、数据内容、工作模式、RTK 账号进行配置,并对配置后的高精度定位情况进行检查。

2. 任务要求

1)知识目标

(1)能清楚 cutecom 软件的作用。

(2)能正确讲述组合导航系统需要配置的参数功能。

(3)能正确讲述 RTK 定位工作原理。

2)技能目标

(1)能熟练对自动驾驶小车上电。

(2)能熟练操作无线遥控器。

(3)能熟练操作 ubuntu 系统终端和指令。

(4)能熟练操作 cutecom 软件对组合导航系统进行配置。

(5)能熟练操作 Apollo 平台,对定位效果进行检查。

(6)能解决 ubuntu 系统、Apollo 平台操作中遇到的一些小问题。

3)情感目标

(1)树立效率意识、规范意识;强化人际沟通、团队合作的能力。

(2)培养爱岗、敬业的职业道德,自我管理、自我修正的态度。

(3)培养制订工作计划、独立决策的能力。

(4)培养运用多方资源,解决实际问题的能力。

3. 设备及工具

(1)自动驾驶小车 1 套:

①自动驾驶小车 1 辆;

②配套鼠标、键盘1套；

③无线遥控器1个(已配对)。

(2)RTK账号1个：

①千寻位置服务。含账号、密码、IP、端口、挂载点信息,需要在服务期内。

②自建基站。需要在基站5km半径范围内,基站需要连接互联网。

4. 操作方法及步骤

1)条件要求

(1)已完成车辆集成(已完成组合导航系统的硬件连接)、Apollo系统安装。

(2)配置参数时可以在室内进行。

(3)定位检查需要在户外、周边无遮挡的环境进行。

2)系统上电

(1)打开自动驾驶小车尾部的“预充电开关”,使开关的“O”标识朝上。

(2)在“液晶屏”显示为蓝色背光时,或打开“预充电开关”5s后,将“电源开关”旋转到“开/ON”;

(3)在自动驾驶小车侧面,用钥匙打开工控机的控制面板,并按下面板上的“POWER”开关,打开工控机电源。

3)进入Apollo平台

(1)进入工控机操作系统界面,操作鼠标打开终端(terminal)。

(2)在终端中输入以下命令,输入完成后点击“回车”,安装“cutecom”软件：

sudo apt install cutecom

备注：

该命令仅在工控机第一次进行“组合导航系统配置”时输入。

(3)在终端中输入以下命令,输入完成后点击“回车”,打开“cutecom”软件：

sudo cutecom

(4)在弹出的软件界面中,“Device”选项选择“ttyACM0”,点击“Open”打开设备,如图6-42所示。

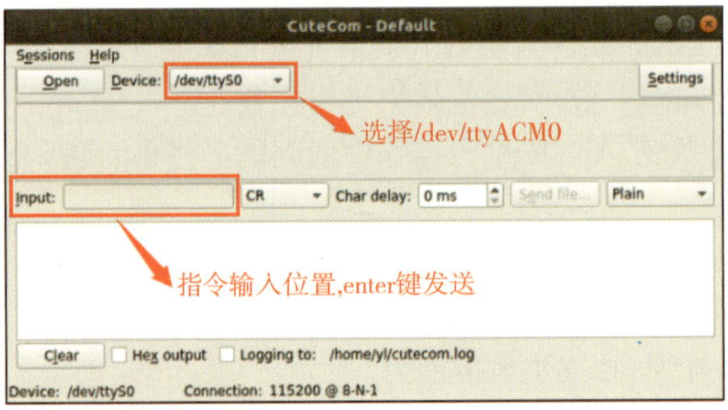

图6-42 cutecom软件界面

(5)在cutecom软件的“input”窗口内,输入以下指令进行“杆臂值”配置,输入完成后点击回车键,发送给组合导航系统主机：

$ cmd,set,leverarm,gnss,x_offset,y_offset,z_offset * ff

备注：

①杆臂值，指的是主天线与组合导航系统主机中心点之间的相对坐标值。

②主天线一般为自动驾驶小车的后天线，组合导航系统主机的天线接口标注有“PRI”。

③以组合导航系统主机的中心点作为原点（X、Y、Z 都是 0）；X、Y 以主机壳体上标注有“+”的方向为正值，另外一个方向为负值；Z 则是朝上为正值，朝下为负值。

④杆臂值的单位为“米”，精确到小数点后 2 位。

⑤指令中 x_offset，y_offset，z_offset 用实测值替代。如实测 $X = 0.15\text{m}$，$Y = -0.26\text{m}$，$Z = 0.40\text{m}$；则指令为“ $ cmd,set,leverarm,gnss,0.15,-0.26,0.40 * ff”。

⑥将该配置指令发送给设备后，如果得到设备回复“ $ cmd,config,ok * ff”字段，说明配置成功；否则检查指令是否正确，设备是否连接正常；针对本书接下来的配置指令，也需要得到设备回复配置成功，否则检查指令输入是否正确。

(6)在“input”窗口内，输入以下指令进行主天线“车头车尾安装”配置，输入完成后点击回车键，发送给组合导航系统主机：

$ cmd,set,headoffset,0 * ff

备注：

本指令的配置为车尾安装主天线。

(7)在“input”窗口内，逐条输入完成并点击回车键，发送给组合导航系统主机：

$ cmd,set,navmode,FineAlign,off * ff

$ cmd,set,navmode,coarsealign,off * ff

$ cmd,set,navmode,dynamicalign,on * ff

$ cmd,set,navmode,gnss,double * ff

$ cmd,set,navmode,carmode,on * ff

$ cmd,set,navmode,zupt,on * ff

$ cmd,set,navmode,firmwareindex,0 * ff

备注：

各指令配置后的含义如下。

$ cmd,set,navmode,FineAlign,off * ff	精对准—关闭
$ cmd,set,navmode,coarsealign,off * ff	粗对准—关闭
$ cmd,set,navmode,dynamicalign,on * ff	动态对准—打开
$ cmd,set,navmode,gnss,double * ff	GNSS 模式—双天线
$ cmd,set,navmode,carmode,on * ff	车载模式—打开
$ cmd,set,navmode,zupt,on * ff	零速校准—打开
$ cmd,set,navmode,firmwareindex,0 * ff	固件索引—0

(8)在“input”窗口内，逐条输入、发送以下指令给组合导航系统主机，用于设置组合导航系统主机的局域网上网参数：

$ cmd,set,localip,192,168,0,123 * ff

$ cmd,set,localmask,255,255,255,0 * ff

$ cmd,set,localgate,192,168,0,1 * ff

备注：

①各指令配置后的含义如下。

$ cmd,set,localip,192,168,0,123 * ff　设置局域网 IP 地址,“192,168,0,123”应该设置为与所在网络的路由器“同一网段”;

$ cmd,set,localmask,255,255,255,0 * ff　设置局域网子网掩码,采用默认的“255,255,255,0”即可;

$ cmd,set,localgate,192,168,0,1 * ff　设置局域网网关 IP 地址,“192.168.0.1”应该设置为路由器的 IP 地址。

②注意以上指令中,各个数字段之间需要用英文输入法的“,”(逗号)进行分隔,而不是传统的“.”来分隔。

(9)在“input”窗口内,逐条输入、发送以下指令给组合导航系统主机,用于设置组合导航系统主机的 RTK 账号信息:

$ cmd,set,netipport,111,112,113,114,8000 * ff

$ cmd,set,netuser,username:password * ff

$ cmd,set,mountpoint,XMJL * ff

备注：

①各指令配置后的含义如下。

$ cmd,set,netipport,111,112,113,114,8000 * ff　设置 RTK 的 IP 地址和端口号,“111,112,113,114”应替换为 RTK 账号的“IP 地址”,“8000”应替换为 RTK 账号的“端口号”;

$ cmd,set,netuser,username:password * ff　设置 RTK 的账号和密码,“username”应替换为 RTK 账号的“账号”,“password”应替换为 RTK 账号的“密码”;

$ cmd,set,mountpoint,XMJL * ff　用于设置 RTK 的挂载点,“XMJL”应替换为 RTK 账号的“挂载点”。

②注意以上指令中:IP 各个数字段之间需要用“,”(逗号,英文输入法)进行分隔,而不是传统的“.”来分隔;账号密码之间用“:”(冒号,英文输入法)分隔。

③RTK 账号信息需要购买如“千寻位置”服务获取到;也可以使用协助用户自建的 RTK 基站的账号信息。

④只有 RTK 基站距离自动驾驶小车 5km 范围内,才能够实现比较快速的精确定位;并且此时无人车必须和 RTK 基站存在通信连接才可以使用。

(10)在“input”窗口内,输入以下指令,并点击回车键,发送给组合导航系统主机,用于查看组合导航主机 IMU 的网络参数配置:

$ cmd,get,netpara * ff

注意：

①如果设备回复的信息中有“ $ cmd,set,ntrip,disable,disable * ff”,则需要依次输入和发送以下 2 条指令,对参数进行重新配置及保存。

$ cmd,set,ntrip,enable,enable * ff

$ cmd,save,config * ff

②再次在“input”中输入并发送指令“ $ cmd,get,netpara * ff”,检查是否“ $ cmd,set,ntrip,disable,disable * ff”变为“ $ cmd,set,ntrip,enable,enable * ff”。

(11)在“input”窗口内,逐条输入、发送以下指令给组合导航系统主机,用于设置组合导航系统主机的 log 协议输出内容、输出频率,以及输出到主机的 USB 接口:

$ cmd,output,usb0,rawimub,0.010 * ff

$ cmd,output,usb0,inspvab,0.010 * ff

$ cmd,through,usb0,bestposb,1.000 * ff

$ cmd,through,usb0,rangeb,1.000 * ff

$ cmd,through,usb0,gpsephemb,1.000 * ff

$ cmd,through,usb0,gloephemerisb,1.000 * ff

$ cmd,through,usb0,bdsephemerisb,1.000 * ff

$ cmd,through,usb0,headingb,1.000 * ff

(12)在“input”窗口内,逐条输入、发送以下指令给组合导航系统主机,用于设置组合导航系统主机的 PPS 授时输出:

ppscontrol enable positive 1.0 10000

log com 3gprmc ontime 1 0.25

备注:授时输出时,将会把 GPS 时间同步信号,通过授时传输硬件接口发送给激光雷达,激光雷达将会用该授时信息标记自身的测量结果,用于实现激光雷达测量信息、GPS 定位信息的数据同步。

(13)以上步骤完成后,在“input”窗口中输入、发送以下指令,对配置进行保存:

$ cmd,save,config * ff

(14)关闭 cutecom 软件。

(15)断开组合导航系统的供电电源,并等待 5s 后重新上电,之前的配置将会生效。

4)修改 Apollo 平台配置文件

(1)在 ubuntu 操作系统内,打开路径为“Home/apollo/modules/calibration/data/dev_kit/gnss_conf”的文件夹,将文件夹内的配置文件“gnss_conf. pb. txt”打开。

(2)在“gnss_conf. pb. txt”文件内,删除“rtk_from”和“rtk_to”两段语句,如图 6-43 所示。

备注:由于文件无法恢复初始设置,所以该文件在被用过一次后(之前的调试、使用过程中),这两段语句会无法被查找到(之前已经删除)。

(3)在“gnss_conf. pb. txt”文件内,修改以下语句:

proj4_text: +proj = utm +zone = 50 +ellps = WGS84 +towgs84 = 0,0,0,0,0,0,0 +units = m + no_defs

将“zone = 50”中的“50”,修改为自动驾驶小车所在城市的 utm_zone 数值。

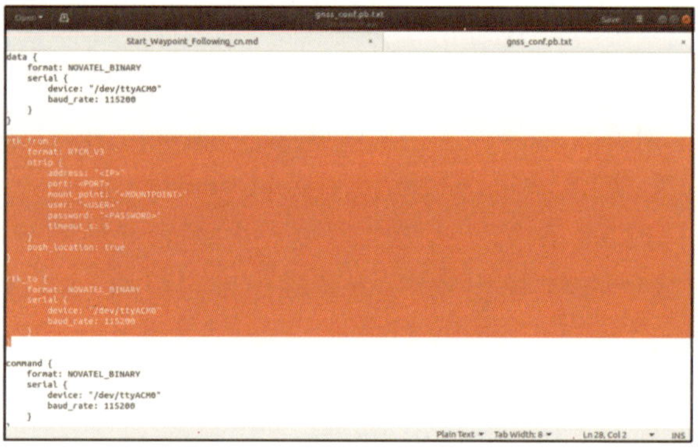

图 6-43 “gnss_conf. pb. txt”文件

备注：

①比如这里的数值 50 代表的是北京，若处在四川，则用四川的 utm_zone 数值 48 替换掉这里的数值 50，以此类推。

②utm_zone 的查询可参考网址：

https://mangomap. com/robertyoung/maps/69585/what-utm-zone-am-i-in-#

③由于文件无法恢复初始设置，所以该文件在被用过一次后（之前的调试、使用过程中），utmzone 数值可能已经被修改完成。

（4）打开路径为“Home/apollo/modules/calibration/data/dev_kit/localization_conf”的文件夹，将文件夹内的配置文件“localization. conf”打开。

（5）在“localization. conf”文件内，对以下参数按照实际值进行配置，见表 6-3。

参数配置说明 表 6-3

参 数	说 明
lidar_height_default	参数值修改为 lidar 中心到地面的距离，单位为 m
local_utm_zone_id	需要用户查询所在地区的 utm_zone，并进行修改。 例如，北京地区 utm_zone 为 50
imu_to_ant_offset_x	*x* 轴方向杆臂值，单位为 m，杆臂值测量方法参看循迹搭建—车辆集成文档
imu_to_ant_offset_y	*y* 轴方向杆臂值，单位为 m，杆臂值测量方法参看循迹搭建—车辆集成文档
imu_to_ant_offset_z	*z* 轴方向杆臂值，单位为 m，杆臂值测量方法参看循迹搭建—车辆集成文档
__enable_lidar_localization = true	修改为：__enable_lidar_localization = false

注意：

①之前虽然有通过 cutecom 软件指令配置“杆臂值”，但是与现在的这些值的用途是不同的；

②之前“杆臂值”是针对组合导航系统主机内进行配置的；

③现在是对 Apollo 平台进行配置，所以必须重新进行；

④现在配置的值还包括了激光雷达的配置等。

5）检查定位情况

（1）通过遥控器等，将车辆移至室外平坦开阔处。

（2）在 ubuntu 操作系统内，打开一个终端（terminal），依次输入以下指令，进入 docker 环境，并启动百度 Apollo“Dreamview”功能：

```
cd /apollo
bash docker/scripts/dev_start.sh
bash docker/scripts/dev_into.sh
bash scripts/bootstrap.sh
```

注意：

①此时自动驾驶小车必须连接互联网；

②操作过程中涉及输入 ubuntu 操作系统密码；

③注意终端中输出的错误提示等信息，如果有错误提示信息，则根据错误信息进行问题查找。

(3)打开浏览器，并打开网址"http://localhost:8888"，加载百度 Apollo 的"Dreamview"界面。

(4)在"dreamview"界面中，选择"mode"(模式)为"Dev Kit Debug"；选择"vehicle"(车辆)为"Dev Kit"；并在"Module Con troller"标签页启动"GPS""Localization"模块。

(5)打开一个新终端(terminal)，并依次输入以下指令，进入 docker 环境，并启动百度 Apollo 的功能模块状态监控功能：

```
cd /apollo
bash docker/scripts/dev_into.sh
cyber_monitor
```

(6)移动光标(鼠标、键盘移动)到"/apollo/sensor/gnss/best_pose"项目，并点击键盘的"→"按键(向右方向键)，进入项目详情。查看项目内 sol_type 字段是否为 NARROW_INT。若为 NARROW_INT，则表示 GPS 信号良好。若不为 NARROW_INT，则将车辆适当移动一下位置，或检查其他影响因素，直到出现 NARROW_INT 为止。

备注：

查看项目详情时，用键盘进行操作的方法如下。

键盘"→"(向右方向键)：进入光标所在项目，查看详情。

键盘"←"(向左方向键)：退出项目详情，回到项目选项。

键盘"↑"(向上方向键)：光标移动到上一个项目。

键盘"↓"(向下方向键)：光标移动到下一个项目。

键盘"Pg Up"(向上翻页键)：向上翻页，查看上一页的项目。

键盘"Pg Down"(向下翻页键)：向下翻页，查看下一页的项目。

注意：

若 sol_type 长时间不为 NARROW_INT，则至少需要检查以下项目：

①车辆在空旷地带，周边环境、天空无遮挡卫星定位信号的物体；

②确认 GPS 定位天线连接情况；

③RTK 账号配置是否正确；

④局域网参数配置是否正确；

⑤其他配置参数是否正确。

(7)选择/apollo/sensor/gnss/imu 条目,点击键盘的"→"按键,进入该条目,确认 IMU 有数据刷新,即表明 IMU 模块配置成功。

5. 车辆操作相关知识

1)自动驾驶小车状态检查

(1)检查线束,查看是否连接正常。

(2)检查机械部件是否有外观损坏。

(3)打开"预充电开关",5s 后打开"电源开关",查看设备是否供电正常。

(4)查看电池电量是否充足,满电为 4 个灯,至少需要 2 个灯亮才可以使用;或检查液晶屏,查看电池容量是否大于 30% 。

(5)打开无线遥控器,查看遥控器是否电量充足,并操作遥控器,查看是否可以控制自动驾驶小车。

(6)遥控自动驾驶小车,查看转向、前进、后退、加减速、制动功能是否正常。

(7)打开工控机电源,查看是否可以正常进入 ubuntu 系统。

2)无线遥控器的使用

(1)确认遥控器是否处于关闭状态,如果已经打开,请先关闭其电源。

(2)检查遥控器上的 4 个拨动开关,是否左右 2 个开关具备 2 个位置状态,中间 2 个开关具备 3 个位置状态。

(3)检查遥控器上的 2 个摇杆,是否可以灵活地向 4 个方向摇动,并自动回弹到中间位置。

(4)将无线遥控器的 4 个拨动开关全部拨向前方。

(5)同时按住遥控器的 2 个电源按钮,打开遥控器电源。

(6)将模式开关拨到中间位置(遥控模式),左右摇动转向摇杆(左右转向),查看前轮转向情况;轻轻往前推动加速/制动摇杆,查看加速情况;在车辆前进过程中,往后拉动加速/制动摇杆,查看制动情况。

(7)改变挡位开关状态(向前为 D 挡,中间为 N 挡,往后为 R 挡),再次操作加速/制动摇杆进行控制,查看车辆控制情况,车辆操作无线遥控器如图 6-44 所示。

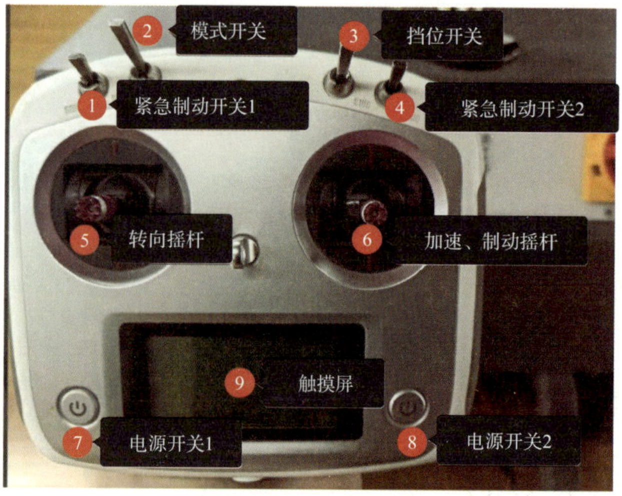

图 6-44 无线遥控器

技能实训

<table>
<tr><th colspan="7">实训项目 组合导航的安装调试</th></tr>
<tr><td>课程名称</td><td colspan="2"></td><td>日期</td><td></td><td>成绩</td><td></td></tr>
<tr><td>学生姓名</td><td colspan="2"></td><td>学号</td><td></td><td>班级</td><td></td></tr>
<tr><td>任务载体</td><td colspan="6">自动驾驶汽车开发平台</td></tr>
<tr><td rowspan="4">任务目标</td><td colspan="6">1. 能准确搭建组合导航系统硬件</td></tr>
<tr><td colspan="6">2. 能完成组合导航系统 GPS 定位设置</td></tr>
<tr><td colspan="6">3. 能完成组合导航系统 RTK 定位设置</td></tr>
<tr><td colspan="6">4. 能通过计算机软件，获取组合导航系统的高精度定位信息、姿态信息</td></tr>
<tr><td>项目</td><td colspan="2">步骤</td><td colspan="3">操作记录</td><td>异常描述</td></tr>
<tr><td rowspan="5">1. 组合导航系统的组装</td><td>1</td><td>天线、支撑柱、磁性吸盘组装</td><td colspan="3"></td><td></td></tr>
<tr><td>2</td><td>天线延长线一端连接蘑菇头，另外一端接入“组合导航系统主机”上的天线接口</td><td colspan="3"></td><td></td></tr>
<tr><td>3</td><td>两根天线一前一后固定到自动驾驶小车上</td><td colspan="3"></td><td></td></tr>
<tr><td>4</td><td>将线束插入组合导航主机，并用螺丝刀锁紧固定螺钉</td><td colspan="3"></td><td></td></tr>
<tr><td>5</td><td>将组合导航线束的 USB 插头插入笔记本电脑的 USB 接口</td><td colspan="3"></td><td></td></tr>
<tr><td rowspan="4">2. 上电和安装 USB 驱动</td><td>1</td><td>确认 12V 移动电源为关闭状态</td><td colspan="3"></td><td></td></tr>
<tr><td>2</td><td>将线束上 12V 电源的鳄鱼夹接入 12V 移动电源</td><td colspan="3"></td><td></td></tr>
<tr><td>3</td><td>打开 12V 移动电源，对主机供电</td><td colspan="3"></td><td></td></tr>
<tr><td>4</td><td>打开计算机“设备管理器”，查看“COM”设备，是否有新增的 COM 设备，该设备的序号即为主机的 COM 序号</td><td colspan="3"></td><td></td></tr>
<tr><td rowspan="3">3. 通过测试软件获取定位信息</td><td>1</td><td>鼠标双击“组合导航”软件图标，打开上位机软件</td><td colspan="3"></td><td></td></tr>
<tr><td>2</td><td>点击软件界面左侧的“连接设备”选项卡，设置“串口号”为之前获取到的 COM 序号</td><td colspan="3"></td><td></td></tr>
<tr><td>3</td><td>点击“连接设备”选项卡界面“打开串口”按钮，打开串口</td><td colspan="3"></td><td></td></tr>
</table>

续上表

项目	步骤		操作记录	异常描述
3. 通过测试软件获取定位信息	4	点击软件界面左侧的“设备配置”选项卡,并选择下一级的“导航模式配置”选项卡		
	5	在“导航模式配置”选项卡页面内勾选:“粗对准 On”“精对准 On”“动态对准 On”“车载模式 On”“GNSS 模式 Double”,固件索引 1		
	6	在“导航模式配置”选项卡页面内点击“保存”按钮,保存刚刚的选项,该配置将会发送到“主机内”		
	7	断开主机电源(断开电源正极的鳄鱼夹),等待 5s 左右,再次对主机供电		
	8	点击“连接设备”选项卡中的“打开串口”,重新打开串口通信		
	9	在软件下侧的“命令”输入框内输入“ $ cmd,output,usb0,gpfpd,0.1 * ff”命令,并点击“发送”按钮		
	10	在发送窗口上方的“控制台”窗口,将会持续更新 GPS 状态、IMU 状态等的原始信息		
	11	有 IMU 的“姿态”信息会显示在原始数据中,可以通过前后左右倾斜主机,查看数据变化情况		
	12	在户外空旷环境中,GPS 可以很快进行定位,输出有效的单点定位信息		
	13	此时在主界面的“卫星”窗口中,将会显示 2 个天线所收到的卫星数		
	14	在主界面的“状态”状态,将会显示定位状态		
4. RTK 定位配置及实现	1	RTK 定位时,组合导航系统需要连接互联网		
	2	将 SIM 卡插入 4G 路由器主机的卡槽内		
	3	将组合导航线束中的网口,通过“千兆网线”与“4G 路由器主机”连接		

续上表

项目	步骤		操作记录	异常描述
4. RTK 定位配置及实现	4	将笔记本电脑的网口，通过“千兆网线”与“4G 路由器主机”连接		
	5	将笔记本电脑的“以太网”接口设置为“自动获取 IP”		
	6	对 4G 路由器主机供电		
	7	使用笔记本电脑获取“4G 路由器主机”的 IP 地址，并记录		
	8	在“组合导航”软件的“设备配置”界面，“10. 网口参数设置”栏内设置规定内容		
	9	在上一步的信息填写完成后，点击“应用”按钮，保存设置到“组合导航主机”内		
	10	断电并重新启动“组合导航系统”，系统即可以 RTK 定位模式工作		
	11	重启后，GPS 将在一段时间内无法定位，此时“控制台”窗口内显示的定位数据会全部是“0”		
	12	在“卫星”数量不为“0”时，也需要一定的时间进行定位，此时显示的定位数据也会是“0”		
	13	在“状态”内的“状态”为“GPS 粗对准”时，此时的数据将会有粗对准数据输出，粗对准数据不为 0，而精对准数据为 0		
	14	随着 RTK 定位起作用，“状态”内的“状态”将会变成“GPS 精对准”，此时精对准数据不为 0		
	15	尝试移动车辆位置，观察定位数据前后变化情况，并对比“粗对准”“精对准”数据内容		
	16	尝试改变组合导航系统主机的姿态（左右、前后摆动），查看“姿态”窗口内数据的变化		

小组互评 第____组	组员学号					
	组员姓名					
	互评分					
教师考核						

思考与练习

一、选择题

1. 差分 GPS 由(　　)组成。

　A. 移动站　　B. 基准站　　C. 数据传输设备　　D. 卫星

2. RTK 技术能够实现(　　)级的定位。

　A. 毫米　　B. 厘米　　C. 分米　　D. 米

3. 惯性导航系统不依赖外部信息,采用________和________测量载体参数。(　　)

　A. 加速度传感器　　B. 陀螺仪　　C. GPS　　D. 轮速传感器

二、判断题

1. GPS 进行车辆的定位,其定位精度能够达到厘米级。(　　)
2. 惯性导航系统能够进行车辆的定位,还能够计算车辆的速度和航向信息。(　　)
3. 当移动站与基准站相距较远时,可以使用网络 RTK 技术实现厘米级的定位。(　　)
4. 在 GNSS 信号丢失情况下,组合导航仍然能够实现车辆的定位。(　　)

三、简答题

1. 差分 GPS 定位原理和特点是什么?
2. 惯性导航系统原理是什么?
3. 组合导航系统优点有哪些?
4. 组合导航系统硬件如何安装?
5. 如何进行组合导航系统中的 GPS 定位、RTK 定位设置?

参考文献

[1] 崔胜民,卞合善.智能网联汽车环境感知技术[M].北京:人民邮电出版社,2020.
[2] 李克强.电动汽车工程手册:第六卷　智能网联[M].北京:机械工业出版社,2019.
[3] 李妙然,邹德伟.智能网联汽车技术概论[M].北京:机械工业出版社,2019.
[4] 陈宁,徐树杰.智能汽车传感器技术[M].北京:机械工业出版社,2020.
[5] 陈慧岩,熊光明,龚建伟.无人驾驶汽车概论[M].北京:北京理工大学出版社,2014.
[6] 崔胜民.智能网联汽车新技术[M].北京:化学工业出版社,2016.
[7] 崔胜民.智能网联汽车概论[M].北京:人民邮电出版社,2019.
[8] 崔胜民,卞合善.智能网联汽车导航定位技术[M].北京:人民邮电出版社,2021.
[9] 陈晓明,杜志彬,侯海晶.智能网联汽车技术基础[M].北京:机械工业出版社,2020.
[10] 宋传增.智能网联汽车技术概论[M].北京:机械工业出版社,2020.
[11] 程增木,康杰.智能网联汽车技术概论[M].北京:机械工业出版社,2021.
[12] 孙慧芝,张潇月.智能网联汽车概论[M].北京:机械工业出版社,2020.
[13] 干货分享——虹科汽车毫米波雷达测试解决方案[EB/OL].https://blog.csdn.net/weixin_43123641/article/details/108751187.
[14] 一文熟悉车载摄像头技术的现在和未来[EB/OL].https://mp.weixin.qq.com/s/61QNhDeN6U_iXT1FXWTN2w.